Minha vida como
traidora

Zarah Ghahramani
com Robert Hillman

Minha vida como
traidora

Tradução
Tina Jeronymo

Ediouro

Título original: *My life as a traitor: a history of courage and survival in Tehran's brutal Evin prison*
© 2007 by Zarah Ghahramani e Robert Hillman
Direitos de tradução reservados à Ediouro Publicações Ltda., 2009

Assistente editorial: Fernanda Cardoso
Coordenadora de produção: Adriane Gozzo
Assistente de produção: Juliana Campoi
Preparação de textos: Flávia Schiavo
Revisão: Tuca Faria e Mary Ferrarini
Editora de arte: Ana Dobón
Projeto gráfico e diagramação: Linea Editora Ltda.
Capa: Tim Hetherington
Foto da orelha: Kazim Ghahramani

**Dados Internacionais de Catalogação na Publicação (CIP)
(Câmara Brasileira do Livro, SP, Brasil)**

Ghahramani, Zarah
    Minha vida como traidora / Zarah Ghahramani com Robert Hillman ; tradução Tina Jeronymo. – São Paulo : Ediouro, 2009.

    Título original: My life as a traitor.
    ISBN 978-85-00-02091-9

    1. Estudantes - Irã - Biografia 2. Ghahramani, Zarah 3. Irã - Política e governo - 1997- 4. Mulheres - Irã - Biografia 5. Mulheres prisioneiras - Irã - Biografia 6. Prisioneiros - Irã - Biografia I. Hillman, Robert. II. Título.

08-11937   CDD-365.45092

Índice para catálogo sistemático:
1. Prisioneiros políticos : Autobiografia   365.45092

Rua Nova Jerusalém, 345 – Bonsucesso
Rio de Janeiro – RJ – CEP 21042-235
Tel.: (21) 3882-8200 Fax: (21) 3882-8212 / 3882-8313
www.ediouro.com.br

Este livro é dedicado com amor e estima ao meu amigo Akbar Mohammadi, cuja bravura, que tão grandemente superou a minha, lhe custou a vida.

"O traidor da Humanidade é o traidor mais amaldiçoado."

— James Russell Lowell,
On the Capture of Certain Fugitive Slaves
[Na captura de certos escravos fugitivos]

Capítulo 1

A venda está firmemente atada. Minha consciência divide-se entre a escuridão que meus olhos anseiam por penetrar e o terror absoluto. Quando a venda é removida, a primeira coisa que registro é o rosto do homem que será meu inquiridor. Ele está de pé, e eu, sentada, mas meus olhos buscam instintivamente o rosto desse homem. Não é um rosto atraente. Percebo, de imediato, que ele sabe o impacto que sua aparência terá sobre uma jovem — quase uma criança — apanhada na rua de forma inesperada. Ele sabe tudo sobre o meu terror.

É alto, gordo, careca e fedorento. Não sei se o cheiro emana do hálito ou do corpo do homem, porém é fétido, como o fedor de carne em estado de putrefação. Tem cerca de 50 anos e uma barba grisalha desgrenhada. Usa uma camisa comprida por fora da calça.

Deixando sua postura ainda mais ereta, encara-me do alto como se pretendesse reforçar o domínio não apenas por sua estatura, mas pelo poder que tem sobre minha vida. Algum canto de minha mente, mesmo em meio ao pavor, reconhece que o homem está se divertindo e que isso é apenas o começo de sua brincadeira. Ele já me julgou: uma princesa paparicada da classe média, da universidade, brincando de política em protestos de rua contra o regime. Sou um brinquedo para ele. Talvez ele me odeie também; no entanto, mais importante do que seu ódio é a diversão que eu lhe propiciarei. Estou supondo qual é a opinião dele a meu respeito, é claro. As únicas coisas das quais posso ter certeza são meu medo e meu pungente anseio de estar a salvo, aos cuidados de alguém — meu pai, minha mãe — que me deseje exatamente o oposto do que esse homem tem reservado para mim.

Sei onde estou, ou, ao menos, posso adivinhar: esta é a prisão de Evin, no norte de Teerã, a alguns quilômetros da minha casa, num dos subúrbios. Já ouvi falar deste lugar; todo mundo que conheço já ouviu — todos os meus amigos da universidade. Todos sabemos que é um local a ser evitado, mas apenas da maneira que as boas pessoas em histórias infantis sabem que devem evitar o castelo do ogro. Nunca me ocorreu, de fato, que uma boa pessoa — eu! — pudesse ser arrastada para este lugar ruim.

O que fiz para merecer isso? Manifestei algumas opiniões, distribuí abaixo-assinados, participei de protestos de rua com meus amigos. Nunca feri ninguém, nunca disparei uma arma, nunca atirei uma pedra. Essa era a horrível contradição da minha situação: queria que soubessem que eu era uma boa pessoa, alguém que adorava a paz, os livros e as conversas com meus amigos; contudo esse homem que parou à minha frente não se importou. Se tivesse sido instruído para me matar, teria me matado. O mundo em que habita é brutal, primitivo. Não há nada nele a que eu possa apelar. Absolutamente nada.

O interrogador deixa que eu assimile a realidade da minha situação. Senta-se a uma mesa de frente para mim, sem dizer nada por algum tempo. Finalmente, olha para alguns papéis espalhados no tampo.

— Zarah Ghahramani, nascida em 1981, com certidão de nascimento número 843 expedida em Teerã, estudante fazendo curso de tradução. Isso está correto?

— Sim — respondo num tom manso.

Ele bate com força na mesa com a palma da mão, e eu quase dou um salto da cadeira, tamanho é meu choque. Estivera mantendo os olhos desviados, quase fechados, mas agora estão arregalados, mais arregalados do que nunca.

— Quando você quis mudar o futuro do país na universidade, falou com uma voz assim tão suave? — esbraveja ele.

Não respondo. Apenas por uma fração de segundo, fecho os olhos e oro rapidamente a Deus para intervir em meu favor e me colocar a salvo.

O interrogador bate na mesa outra vez, tão estrondosamente quanto antes. Não me movo.

— Quando eu perguntar alguma coisa, responda, entendeu?

— Sim — respondo, minha voz parecendo ter vindo de algum lugar bem distante de onde estou sentada.

Ele recosta-se na cadeira, puxando de leve as pontas da barba.

— Qual é o seu nome? — pergunta quando está pronto.

— Zarah Ghahramani — respondo.

— Detalhes completos! — berra ele.

Engulo em seco para desfazer o nó na garganta causado pelo medo.

— Zarah Ghahramani — respondo em uma voz não muito suave para não contrariar esse homem, nem alta demais, pois isso poderia me fazer parecer beligerante. Rapidamente estou tentando me reeducar de acordo com as preferências dele, tentando aprender que expressão, tom de voz e que comportamento podem aplacá-lo apenas o bastante para me poupar de sua raiva. — Nascida em Teerã, certidão de nascimento número 843, estudante de tradução.

Ele não faz comentários a princípio. As mãos rechonchudas estão brincando com uma caneta na mesa à sua frente. Fixo o olhar nos movimentos de suas mãos, como se o poder que ele exerce sobre mim estivesse concentrado nelas. Penso no que essas mãos podem fazer comigo, não sabendo nesse momento que essas mãos pesadas se tornarão uma imagem persistente nos pesadelos que me aguardam, não sabendo que o que temo dessas mãos acabará, com efeito, acontecendo.

Coloco as próprias mãos sobre a mesa. Estou fazendo uma tentativa deliberada de recobrar um pouco de controle sobre mim mesma. Tento parecer uma pessoa pronta para começar uma conversa sensata, lógica. Indo contra aquilo em que acredito, vou tratar esse homem apavorante como se ele tivesse alguma compaixão. Vou lhe falar como se ele se importasse com a minha situação, embora não seja o caso. Isto é um tiro no escuro, sim, mas tenho de fazer alguma coisa; tenho de, ao menos, tentar abrandar minha humilhação, mesmo que seja por apenas alguns minutos.

Ele está me observando com atenção, ainda que ocultando seu olhar. Quando vê que pousei as mãos na mesa, diz:

— Está pronta, então?

Instantaneamente a coragem me abandona.

— Pronta para quê?

O homem me dirige um olhar ameaçador.

— Apenas eu faço perguntas — avisa. — Entendeu?

— Sim.

De modo inesperado e sem motivo algum, ele explode numa gargalhada. Seu riso me faz lembrar do velho miserável de um romance iraniano de Sadeq Hedayat, chamado *The Blind Owl* [A coruja cega]. Hedayat diz que o velho miserável da história tem um riso "de arrepiar o cabelo". Se não estivesse tão amedrontada, desdenharia do interrogador por ter adotado tanto chavão dos vilões de livros e filmes.

— Você sabe por que está aqui? — pergunta-me.

Não respondo.

— Não — diz ele, respondendo à própria pergunta. — Você não sabe, certo? Tem que ficar aqui porque o país não precisa de lixo como você.

Sacudo a cabeça em sinal de que não concordo. Desejo somente dizer que não sou lixo, nem nada parecido com lixo. De modo ainda mais tolo, digo:

— Mas por quê?

O homem sai abruptamente de trás da mesa e avança com o rosto para tão perto do meu que quase me toca com ele.

— Não lhe falei? Sou o único que faz as perguntas!

Fecho os olhos na defensiva, como se me preparasse para uma bofetada. Torno a abri-los e sinto o cuspe dele respingar em meu rosto. O cheiro fétido dele! Estou perto de vomitar. E teria vomitado, mas não me deram nada para comer durante dias e não tenho o que expelir do estômago.

Ele volta a se sentar, olhando para mim com desprezo. Espera, deixando que eu lide com o meu terror. Meu Deus, o que eu estava pensando? Que esse homem falaria comigo de maneira inteligente, razoável, que ouviria o meu lado da história?

O homem começa a me perguntar sobre a minha família. Fala num tom de falsa intimidade, como se fosse um velho amigo nosso. Como é essa pessoa, como é aquela outra? Sei perfeitamente bem que ele está tentando me iludir, tentando me fazer acreditar que estou a salvo agora, que sua raiva passou e que se mostrará mais calmo, mais sensível. Estou à espera do golpe. Sei que ele virá. Esse homem vil com suas técnicas de interrogatório aprendidas em filmes ruins está preparando seu golpe, ganhando tempo. Ele não é digno de dizer o nome dos membros da minha família com sua boca fedorenta, suja! Ele não é digno de pronunciar o nome deles! Entretanto ainda não é esse o golpe.

— Diga-me — fala numa voz mansa —, como vai o velho Savaki?

Refere-se ao meu pai.

Eis o golpe.

Capítulo 2

O interrogador, ele próprio agente de uma tirania, evocou o nome de uma agência mais antiga de tirania. A Savak era o exército de segurança estatal do regime de Pahlevi — o regime que governou meu país até dois anos antes do meu nascimento, em 1981. O xá do Irã, Mohammad Reza Pahlevi, foi deposto do poder por um dos grandes acontecimentos do século vinte, a Revolução Islâmica do aiatolá Ruhollah Khomeini. A Savak foi a instituição do xá mais odiada, uma polícia secreta com plenos poderes para matar, torturar e prender, conforme lhe aprouvesse. Até mesmo pelos padrões hediondos de tais instituições ao longo dos séculos, a Savak destacou-se como um exemplo especialmente vil.

Os agentes da Savak eram conhecidos como Savaki, mas meu pai não foi um deles. Ele foi um oficial de alta patente do exército do xá — leal a Pahlevi, sim, contudo não um fanático, não um capanga, não um assassino. O interrogante desejou me chocar ao chamar meu pai de "o velho Savaki"; chocar-me, enfraquecer-me, reduzir ainda mais a minha resistência à sua vontade. Em outras palavras, queria dizer: "Você é a filha de um demônio se eu disser que é. Não existem limites para os meios que posso empregar para ferir você. Ninguém simpatizará com você".

Embora eu tenha nascido depois do retorno triunfante de Khomeini ao Irã e crescido sob o regime que ele instituiu, fui criada como se Pahlevi ainda estivesse no poder, ou, pelo menos, como se talvez fosse retornar a qualquer momento. Durante os primeiros quatro ou cinco anos da minha vida, não tive ciência de nenhuma regra ou restrição além daquelas que se originavam dos meus pais. Comia tudo no meu prato porque havia crianças passando fome em outras partes do mundo; não repetia certas palavras que meus irmãos e irmãs mais velhos usavam às vezes, quando zangados, e assim por diante. Mas, em 1986, quando completei 5 anos, deve ter ficado óbvio para os meus pais que os fanáticos que governavam o Irã estavam lá para ficar e, assim, pediram-me que adotasse um segundo conjunto de regras e restrições: um conjunto de regras e restrições a serem usadas para além de nosso lar, que haviam sido impostas pelo Estado.

Fui me familiarizando com os protocolos dos "primitivos" (um termo que meu pai aplicava ao regime e aos que o apoiavam) pouco a pouco. Foi como a gradual iniciação nos mistérios de um culto estranho. Evidentemente a infância de todos é um período de iniciação, de se tentar compreender um mundo em constante expansão. A uma certa idade, é de consenso geral que uma criança está pronta para que um pouco mais do que realmente está acontecendo lhe seja revelado, depois um pouco mais e, então, ainda mais um pouco. Crianças em lares de classe média como o meu, entretanto, nascidas na mesma época que eu, tiveram de assimilar coisas novas que adentraram a vida que levavam em casa (a vida "real", por assim dizer) ao mesmo tempo as que se acostumavam às imposições fora de casa.

O Estado esperava que eu entendesse as coisas da maneira que ele prescrevia. Minha família, porém, em especial meu pai, incutia em mim uma maneira alternativa de ver o mundo à minha volta. E, para completar esse entendimento duplo, esperava que eu mantivesse uma maneira de ver o mundo em particular, falada apenas no lar, ao passo que a segunda maneira de ser devia ser usada publicamente, um meio de demonstrar minha lealdade ao Estado. Era como aprender dois idiomas e lembrar quando usar um e quando usar o outro.

Na escola, ensinaram-me que minha maior lealdade devia ser a Deus, e, em seguida, ao pai da República Islâmica, o aiatolá Khomeini e à nação propriamente dita. Ensinaram-me sobre demônios e também sobre Deus. Os norte-americanos eram demônios. Eram criaturas infiéis, pérfidas. Os americanos tinham sido amigos especiais de outro grande demônio, Pahlevi.

Em nossa casa, os americanos não eram esses demônios e falava-se de Pahlevi (num certo tom de desculpas) como um homem bom, porém mal orientado pelas pessoas em torno dele. Liberdade e tolerância eram valorizadas. Uma menina era tão importante quanto um menino. O amor era vital. E o Irã, o meu país, era prisioneiro de gente sinistra, inflexível, que via o mundo em preto-e-branco, sem permitir cores, gradações, nuanças, sem condescendência com a beleza fora da espiritualidade islâmica.

Não é tão difícil para uma criança aprender a língua, os costumes e protocolos de dois mundos da maneira como aprendi. Algumas crianças se viam diante de exigências ainda maiores. Porém, com o passar dos anos, chega o tempo em que a criança, agora uma jovem, desejará se manifestar mais em favor de um mundo do que do outro. E foi o que aconteceu comigo.

Completei 6 anos em 1987. Aprendi os dois idiomas, aprendi sobre os dois mundos. Havia, no entanto, mais a aprender, pois o Irã estava em guerra com o Iraque de Saddam Hussein e estivera durante minha vida inteira. Esse era um conflito que não podia ser restrito a um mundo ou ao outro. Saddam era o homem que enviava seus aviões para bombardear as cidades iranianas; um inimigo em meus dois mundos, uma figura desprezada em meus dois idiomas. Não podia haver duas maneiras de se pensar sobre os jovens iranianos mortos nessa guerra; não havia nada de ambíguo sobre a morte no campo de batalha. Esse conflito contradizia o conhecido ditado: "O inimigo do meu inimigo é meu amigo".

Naquele ano, meu sexto ano de vida, meu pai, sem refletir a respeito, comprou-me um par de sapatos cor-de-rosa. Eu os adorei no instante em que os vi. Eram sapatos de um conto de fadas, os sapatos encantados de uma princesa. Eu deveria usá-los no dia de Ano-Novo e, conforme a tradição, entrar com eles na casa da minha avó e receber meu presente de Ano-Novo em dinheiro. Mas naquele ano não foi possível seguir esse adorável costume. Um primo da minha mãe, um rapaz de 19 anos, fora morto na guerra, e estávamos de luto. Uma de nossas tradições no Irã diz que, se uma família está de luto pela morte de algum parente próximo, toda a família deverá manter esse luto por um longo tempo. Em sinal de respeito pela alma da pessoa falecida, nos abstemos de qualquer atividade que represente alegria ou prazer. É comum tradições relativas ao luto no mundo inteiro, independente de religião ou cultura. Contudo, no Irã dos mulás, ou sacerdotes xiitas, particularmente durante a guerra com o Iraque, esse costume cresceu de tal forma que deixou de atender a uma genuína necessidade humana para se tornar, em vez disso, algo monstruoso, neurótico mesmo.

Por exemplo, o marido de uma jovem mulher, nossa vizinha em Teerã, foi morto no campo de batalha e a pobre mulher teve de parar de sorrir para o que quer que fosse desde o momento em que recebeu a notícia até um indefinido número de anos futuros — o verdadeiro número dependendo de quanto tempo a guerra durasse. É claro que ela não teve motivo para sorrir quando soube da morte do marido, mas a proibição de sorrir em qualquer circunstância que fosse significava que ela não poderia se comportar mais de maneira natural e humana durante os longos anos por vir — ela não poderia sequer sorrir para seus filhos, nem tampouco pensar em ser cortejada por alguém até que tivesse respeitado o que a família e o Estado julgavam como um período de luto aceitável; não que ser "cortejada" tivesse algum significado além de um acordo para se casar com algum homem escolhido para ela. Quando a mulher finalmente teve permissão para tornar a se casar, permaneceu estigmatizada, sendo tratada com frieza pela própria família e pela família do primeiro marido. Era como se todos, exceto a própria mulher, achassem que seu luto devesse ser tão profundo que ela jamais poderia sequer pensar em se casar outra vez. E foi a guerra, é claro, que aumentou essa insanidade; foi a guerra que transformou o "martírio" em um fetiche nacional.

No seio da minha própria família se falava da guerra como um desastre, pura e simplesmente. Meu pai considerava Saddam o agressor. Mas os jovens que eram mortos às dezenas de milhares, às centenas de milhares, não eram mencionados como "mártires" no sentido que o fato adquirira na República Islâmica. Eram apenas as vítimas da guerra, e era triste que tivessem perdido suas vidas. Essa era mais uma distinção entre os dois mundos em que eu habitava. Nas ruas, na escola, em qualquer local público, a guerra com o Iraque era representada com símbolos atrevidos (tais como os de um Saddam cuspindo veneno, com chifres de um demônio) ou com palavras que tinham a mesma função dos símbolos impudentes: mal, martírio, sacrifício. Meus pais, todavia, eram pessoas inteligentes, sofisticadas. Compreendiam o mundo com um grau maior de complexidade, muito maior do que muitos iranianos, uma vez que tinham a vantagem de sua educação e posição privilegiada no Irã pré-revolucionário.

Assim sendo, a guerra trouxe-me mais uma dificuldade, outro empecilho psicológico para o comportamento natural e espontâneo em público, porque eu não era livre para pensar na guerra como pura e simplesmente um confronto entre o Bem e o Mal: os governantes do Irã tinham razão em lutar contra Saddam, mas eles próprios não estavam acima de críticas. É essa complexidade de pensamento que é tão odiada por dogmatistas como os governantes do Irã ou por dogmatistas em qualquer parte. Querem que você aceite uma versão distorcida, uma caricatura do mundo à sua volta, entretanto você não pode compactuar com eles. Você odeia a falsidade que há nisso e quer a liberdade de pensar por si mesmo.

Meus sapatos rosa, que usei vez ou outra depois que o período de luto por meu parente foi devidamente respeitado, eram o que eu chamaria agora de sapatilhas — solado raso, sem laços ou fivelas, um tanto parecidos com calçados de balé. A parte da frente de cada sapato era enfeitada com uma flor artificial também cor-de-rosa, mas de um tom mais escuro que o resto do calçado. Aos 7 anos de idade, esses sapatos expressavam mais sobre o mundo no qual eu queria viver do que qualquer coisa que eu pudesse ter colocado em palavras. De uma maneira estranha, aqueles sapatos rosa, minha adoração por eles e meu anseio pelos lugares nos quais talvez eu os usasse conduziram-me, depois de muitas reviravoltas, a uma cela na prisão de Evin.

Capítulo 3

O interrogador tira cigarros do bolso da calça. Sem pressa, pega um do maço, acende o isqueiro e leva a chama até a ponta. Fico contente que seja um fumante. Mais do que contente; estou exultante. Enquanto ele está absorto pelo processo de acender o cigarro, posso escapar por alguns momentos de perguntas, insinuações, acusações diretas, ameaças e humilhação.

Ele sabe disso, é claro. Sabe que estou desfrutando um momento de alívio. O que quer que eu esteja sentindo, a qualquer instante, ele sabe. O homem tem um trabalho que emprega seu sadismo natural. Tem um trabalho no paraíso dos sádicos. É um homem feliz. Talvez, em algum pequenino canto de sua mente, ele me ame. Basta olhar para o que eu lhe proporciono! A oportunidade de zombar, ameaçar, torturar. E que objeto recompensador de sadismo eu sou: morta de medo, encarando-o com olhos repletos de súplica.

— Você não sabe o que quero dizer com "o velho Savaki", não é? — declara ele.

Digo-lhe que não, embora saiba perfeitamente o que ele quer dizer. Estou aprendendo sobre o meu inquiridor sentada aqui. Estou aprendendo a dizer apenas o que ele quer ouvir. Se ele quiser ouvir algo sobre meu pai, sobre a política de meu pai ou suas ambições para o Irã, será ele a me dizer, não o contrário.

Ele me estuda atentamente. Talvez ache que estou aprendendo as regras um tanto depressa demais. Faz um gesto com a mão — apenas um leve movimento, mas é desdenhoso.

— Não brinque comigo — diz, ameaçador. — Você não é páreo para mim. Todos os dias faço pessoas como você falar nesta sala. Algumas delas... — acrescenta após uma pausa — mando para a outra vida.

O comentário tem a intenção de fazer meu medo aumentar. Estranhamente, porém, vejo-me rindo por dentro, como se meu senso de humor precisasse se manifestar. Não rio alto. Seria loucura. Acabaria em punição ou algo pior. Gente como esse homem não tem capacidade de rir de sua linguagem melodramática, de sua própria imbecilidade. Mas, francamente, "Algumas delas mando para a outra vida"? Ele soa como um péssimo ator numa novela barata.

Seu hálito fétido propaga-se pelo espaço entre nós. Atinge meu rosto como o golpe de um punho. Sinto que meu estômago começa a se revirar outra vez, mas tento manter o controle.

— O que seu pai faz hoje em dia? — pergunta ele, passando a uma nova etapa de indagações.

— Tem um negócio próprio — respondo com a verdade.

— E os amigos dele? Seus colegas? Quem são?

— Não sei.

Ele olha para os papéis na mesa como quem tem todo o tempo do mundo.

— Você não sabe?

— Não sei.

Ele faz anotações nos papéis. Mantém a mão sobre o alto da folha em que está escrevendo para impedir que eu veja o que é. Lembro-me de todos aqueles cê-dê-efes do colegial que usavam essa mesma estratégia para impedir que alguém copiasse suas brilhantes respostas. O que ele acha que vou descobrir se espiar suas anotações estúpidas? Que ele não sabe ortografia? Que sua letra é um garrancho? Imagine se eu tivesse a coragem ou a insanidade de espiar suas anotações e dizer, sacudindo o dedo: "Não é assim que se escreve 'Traidora da Revolução'. Agora escreva isso cinquenta vezes da maneira correta".

— Não sabe quem são os colegas do seu pai? É no que espera que eu acredite?

— Sim.

Ele sacode a cabeça com ar de desprezo e, então, repete a pergunta e torna a repeti-la, traindo sua impaciência com gestos da mão e expressões de escárnio. Minha cabeça começa a latejar. Por que todas essas perguntas sobre o meu pai? O que isso tem a ver comigo? O meu pai é o verdadeiro alvo do interrogatório? Eu não passo de um peão? Não consigo pensar mais com a mente alerta. E dentro da minha cabeça uma voz suplicante sussurra: Por favor, deixe-me ir, por favor, deixe-me ir... Quando eu e meus amigos ouvimos sobre companheiros universitários apanhados pela polícia e interrogados numa sala como esta em que estou sentada agora, como nos mostramos corajosos em relação à maneira como nos comportaríamos! Enquanto olho para meu interrogador, lembro-me de ter pensado, poucas semanas antes: "Ora, direi simplesmente a verdade. Eu me manterei firme, digna, e deixarei os tolos envergonhados recusando-me a me encolher de medo, recusando-me a chorar, a tremer". Agora me censuro mentalmente: "Oh, Zarah, que criança você foi! Onde está o seu orgulho agora?".

— Diga-me, o que seu pai pensa de Khatami?

— Khatami? — repito, a fadiga me deixando burra. Por que ele está perguntando sobre o primeiro-ministro da nação, o homem com a reputação de ser um liberal, o homem que, sem dúvida, ele odeia?

— O que o seu pai acha da eleição de Khatami?

— Não sei.

— Ele votou em Khatami?

— Não sei.

É provável que esse homem obeso, de bafo horrível e jeito melodramático saiba exatamente em quem meu pai votou na última eleição nacional. Duvido que faça perguntas para as quais já não tenha resposta. Este jogo está me esgotando. Como posso responder? Posso dizer: "Oh, já que pergunta, meu pai odeia o regime que você representa. Quando ouve as notícias no rádio, ele fica indignado com as mentiras e a hipocrisia dos mulás. Acredita que você e seus mestres estão sugando a vida do Irã. Ele detesta a santimônia, a corrupção de vocês. E, a propósito, ele sempre compara o Irã de hoje ao Irã da época de Pahlevi. Talvez o regime do xá fosse tão vil, corrupto e cruel quanto vocês afirmam, mas nem todos que serviam ao xá eram capangas. Meu pai é um bom homem. Ele jamais teria se sentado diante de uma garota aterrorizada e a ameaçado como você faz. E o hálito dele não é como o seu, e ele jamais se permitiria chegar a uma forma grotesca como a sua". Não posso dizer nada nem remotamente parecido com isso. Mas como gostaria de poder!

Meu primeiro interrogatório termina com essas perguntas exaustivas sobre meu pai. O interrogador faz um gesto para um guarda. Sou vendada novamente. O guarda me cutuca para me fazer caminhar. Sigo por um longo corredor de volta até a minha cela.

Deus do céu, como adoro esta cela! É escura, fria, com paredes úmidas, no entanto eu a adoro! Sentando no cobertor no chão, desfruto o simples prazer de respirar. O medo, então, volta a me tomar de assalto. Eles não terminaram o assunto comigo, certo? Tornarão a me vendar e a me levar até aquele homem odioso? Esta foi apenas a primeira das muitas vezes em que irei me sentar diante dele, lutando para aprender as regras de seus jogos detestáveis? Sei as respostas para essas perguntas que se formaram em minha pobre mente cansada: "A primeira de muitas vezes, Zarah".

Não posso suportar. Não posso suportar.

Capítulo 4

Minha sensibilidade quando criança, conforme já demonstrei, era uma sensibilidade ao estilo de sapatilhas cor-de-rosa. Eu adorava coisas bonitas, como as vistosas presilhas de cabelo vermelhas e os colares e adornos curdos da minha mãe. E eu adorava a música pop ocidental que minhas irmãs compravam às escondidas nos bazares. Tais predileções só poderiam me causar problemas num país em que uma versão muito severa do Islã fora imposta. O curioso era que eu não fazia objeção alguma ao Islã; ao contrário, admirava a beleza de sua espiritualidade, sua essencial humanidade. Como adulta, passei a ver o Islã como uma profunda expressão do desejo dos seres humanos de abraçar o divino. Contudo, no Irã em que cresci, o respeito pelo Islã, a admiração de sua essência espiritual e filosófica não eram o bastante. Exigia-se que uma pessoa tivesse uma devoção exacerbada. Se eu tivesse crescido numa nação calvinista, puritana, protestante fundamentalista, em qualquer nação que insistisse numa expressão severa da fé, é bem provável que tivesse enfrentado os mesmos problemas.

Eu não era uma criança frívola, mas adorava diversão, cores, adorava a alegria que encontrava nas coisas simples. Não conseguia me obrigar a acreditar que a minha salvação dependeria de seguir um conjunto de normas inflexíveis que tinham o efeito de colocar a emoção e o entusiasmo de estar viva a uma distância imensa de meus desejos naturais. Com a vida que eu desfrutava em casa, não é de admirar que a vida nas ruas — ao menos aquela parte dela que ficava sob a vigilância dos mulás, da polícia e do Basij (grupo de voluntários que atuou na guerra Irã-Iraque e milícia de jovens do regime) — me deixasse confusa e perplexa, mesmo enquanto me certificava de não estar infringindo nenhuma regra pública de vestimenta e conduta.

A predominância da cor preta era, às vezes, espantosa para mim. Nos anos 1980, os primeiros anos da Revolução Islâmica, havia umas poucas variações do preto básico da cabeça aos pés para as mulheres iranianas. A meninas com menos de 8 anos era permitida certa liberdade; todavia, depois que uma menina completava 8 anos, era como se uma sentinela designada pelo Estado se posicionasse diante da porta da frente dela, pronta para examinar o traje que ela colocava a cada dia — traje do qual ela se livrava com alívio quando voltava para dentro de casa. O código de vestuário impedia que meninas como eu fizessem o que ansiavam por fazer: brilhar à luz do sol.

Apesar de respeitar as normas islâmicas, eu não era, na verdade, muçulmana. Meu pai acreditava firmemente no Islã sem ser fanático. Minha mãe, porém, era zoroastrista e me criou de acordo com sua fé. Era da província de Kermanshah, no noroeste do Irã, a 400 quilômetros de Teerã, uma região que durante alguns milhares de anos tem sido o lar e o santuário dos zoroastristas. Quando eu era bem pequena, com não mais do que 5 anos, minha mãe costumava me levar às cerimônias zoroástricas de devoção e veneração, nas quais uma chama ardia como símbolo da luz radiante que está no coração de toda a vida em nosso mundo e além. Aprendi a reverenciar a luz, a tomar parte da vibrante dança que cria uma unidade de alma e da força de vida, e a venerar a beleza de todas essas vidas e fôlegos. Até mesmo uma criança pode começar a sentir a influência de sua alma em sua vida, como aconteceu comigo, e pode começar a entender sua vitalidade.

As preces do meu pai em casa, venerando Alá, tinham o mesmo propósito. Ele também reverenciava a vida, a luz e a alma. Nunca houve competição entre as religiões em nosso lar. Meu pai respeitava as crenças da minha mãe, e ela as dele. Meus irmãos e eu achávamos perfeitamente normal viver numa casa em que tanto Alá quanto Zoroastro eram venerados — não uma situação tão incomum no Irã, onde muitos muçulmanos (embora não os fundamentalistas) nutrem um respeito quase secreto pela religião mais antiga.

Tive permissão, aos 6 anos, de escolher a religião que desejaria praticar, apesar de que, devo admitir, teria me sentido propensa a seguir a religião da minha mãe, qualquer que tivesse sido, uma vez que eu era tão chegada a ela e a admirava demais. Tanto o zoroastrismo quanto o Islã me foram conscienciosamente explicados. Depois disso, a pergunta foi simples: "O que você acha, Zarah? Qual lhe desperta mais interesse?". Minha iniciação no zoroastrismo foi, de certa forma, semelhante aos ensinamentos dados às crianças cristãs quando aprendem sobre Jesus pela primeira vez. Jesus, para as crianças, é o melhor entre todos os que são bons; gentil, bondoso, clemente. Zoroastro era retratado, para as crianças de seus seguidores, de maneira similar, embora não fosse o Filho de Deus enviado à Terra para redimir a todos nós, mas alguém que falava por si mesmo e pela Luz e contra o caos das Trevas. A ênfase era dada ao que, na verdade, é uma profunda convicção da religião, embora pareça açucarada: bondade ou, mais especificamente, boa conversa, bom comportamento, bom modo de pensar. Não me sinto inclinada a explicar mais sobre "bondade", apesar de suas conotações vazias para pessoas fora da religião. Os zoroastristas simplesmente afirmam que é melhor ser bom, e é exatamente isso em que passei a acreditar.

Quando criança, eu me sentia completamente em casa na comunidade zoroástrica. Adorava as vestimentas (que eram realmente versões do traje nacional persa antigo: sedas esvoaçantes de muitas cores, lenços e sapatilhas graciosas) e as celebrações das estações. O temperamento dos homens, das mulheres e das crianças que conheci nas celebrações era um atrativo a mais. Não havia nada do tipo linha-dura neles; nada dogmático. O zoroastrismo não é uma religião que faz uso do proselitismo (o que é providencial: tentar converter pessoas a outra religião que não seja o islamismo é algo punido com a morte no Irã); sua mensagem de reverência à vida não é tão divulgada, conforme se vê.

Minha mãe me falava da Pérsia de outrora (o que sabia, é claro, e uma pessoa teria de se permitir certa dose de idealização, uma vez que o Império Persa, e sua duradoura influência, tem sido uma coisa do passado há séculos) e da perseguição que recaiu sobre o zoroastrismo desde o triunfo da Revolução Islâmica. A queixa dela, que se tornou a minha também, era a de que a antiga religião da Pérsia fora reprimida não por persas, mas por árabes, e nem sequer se discute, suponho, que o Islã é fundamentalmente a religião dos povos árabes.

Isto é confuso? Talvez eu deva apontar que iranianos e árabes são povos etnicamente distintos. Árabes são povos pertencentes aos semitas, cuja origem é o Oriente Médio, e iranianos são povos arianos que migraram para o Oriente Médio do subcontinente e da Anatólia cerca de 4 mil anos atrás. Os muçulmanos árabes tomaram conta do Irã há quase mil anos e impuseram o Islã a um povo que seguia uma diversidade de crenças antigas, incluindo o zoroastrismo. Devo confessar que esse preconceito contra o zoroastrismo me deixou com um desdém bem ao estilo iraniano pelos árabes, um sentimento um tanto paradoxal em relação à minha crença em tolerância.

Sendo criada da maneira como fui, soube que as coisas não estavam certas quando a liberdade que desfrutava em casa desapareceu no momento em que saí pela porta da frente. O hábito de questionar enraizou-se em mim. Frequentemente eu questionava: perguntava ao meu pai e à minha mãe por que algo era da maneira que era. As respostas do meu pai eram enfáticas e políticas; minha mãe, evasiva às vezes, era sempre cautelosa. As respostas deles, creio agora, eram abrangentes para se manterem de acordo com aquelas dos pais ao longo dos séculos. A prioridade da minha mãe era salvar os filhos de qualquer mal; a prioridade do meu pai era apontar a injustiça. Eu não tinha uma prioridade — apenas confusão, às vezes perplexidade. No entanto, conforme cresci e me tornei aluna do colegial, e depois universitária, foi a indignação do meu pai que me influenciou mais do que a cautela da minha mãe.

Capítulo 5

Estou sentada em minha cela, petrificada de medo. Começo a ter a sensação de que talvez eu esteja enlouquecendo ou, o que é pior, de que já esteja louca. Como posso saber? Quem irá me dizer "Zarah, você está perfeitamente lúcida. Não se preocupe com isso"?

Olho fixamente para a porta da cela, para a pequena abertura através da qual o guarda joga a venda quando chega o momento em que serei escoltada de volta até o interrogador. Fixo o olhar no chão. Em meus pés. Na minha mente, observo a mim mesma sentada ali, magra, pálida, trêmula, os ombros caídos. E essa é a garota que representa uma ameaça tão grande ao Estado?

Mesmo nesta condição patética, minha mente está tentando entender o sentido da situação, buscando comparações.

Sou uma paciente com câncer. Meu estado é terminal. Vou sofrer e, então, morrer.

Essa é a metáfora certa?

É uma metáfora melhor do que a do pesadelo? Estou sonhando, e o sonho é aterrador. Consigo me obrigar a acordar? Consigo descobrir que estou em casa, em meu próprio quarto? Gritar para alguém, para minha mãe? Ela virá até meu quarto, cheia de preocupação? Irá me abraçar e murmurar palavras carinhosas? Não. Não consigo acordar a mim mesma. Qualquer que seja o mal que paire em meu pesadelo, ele fará comigo o que bem entender.

É essa a metáfora que quero?

Tento outras comparações, cada uma dramatizando minha impotência. Penso na vastidão desta prisão; é como uma cidade. Em cada uma dos milhares de celas uma pessoa como eu está sentada lutando para manter um pouco de respeito próprio; ou, mais provavelmente, como eu, lutando não para manter respeito próprio, mas para encontrar as palavras que irão salvá-la. Que confissão esses algozes gostariam de ouvir? Porque eu vou confessar. Vou assinar qualquer papel que for colocado diante de mim.

O esforço é grande demais. Minha mente vagueia.

Vejo-me ouvindo uma história, ou, mais precisamente, observando uma história se desenrolar. Faço parte dela. Tenho 5 anos e estou indo às compras com minha mãe. A guerra castiga as cidades iranianas, em especial Teerã; são meados dos anos 1980. A falta de comida deixa as prateleiras vazias em algumas mercearias; em outras, pessoas fazem fila durante horas para comprar itens que são difíceis de encontrar, como legumes e hortaliças, especiarias e óleo de cozinha. Não importa quão cedo se vá a uma loja; outros chegaram ainda mais cedo. Há ainda os que acampam em frente aos mercados para passar a noite, com travesseiros, cobertores e uma cesta de comida.

Minha mãe carrega uma grande cesta; sua mão livre segura com firmeza a minha, bem menor. Ela tem de se certificar de que não perderá o lugar na fila. Seria uma catástrofe se eu me soltasse de sua mão por um momento e ela tivesse de sair de seu lugar para ir me procurar. O mercado tem apenas uma quantidade limitada de arroz para vender. Se minha mãe perder essa chance, poderão se passar meses até que uma nova remessa de arroz fique disponível. Ela teria então que ir ao mercado negro, pagando pelo mesmo produto dez vezes mais do que o preço que pode conseguir hoje.

A fila fica mais longa e barulhenta a cada minuto. A luz da manhã apenas começa a clarear o céu acima de Teerã. Pessoas e carros ocupam toda a rua agora. A fumaça que sai dos escapamentos se torna mais e mais acre, e o eterno ruído das buzinas dos carros aumenta rapidamente. As mulheres da fila — e a fila é composta quase inteiramente de mulheres — tagarelam sem parar. Ouço histórias de dor; ouço histórias mais felizes de um parente retornando do campo de batalha com todos os membros intactos; ouço reclamações de todos os tipos. Estou acostumada a esse tipo de reunião de mulheres, as vozes nunca cessando enquanto extraem conforto umas das outras, oferecem consolo.

Minha mãe está conversando com outra mulher, falando num tom bem suave e, às vezes, sussurrando. Minha mãe balança a cabeça, concordando com o que a mulher diz; provavelmente é alguma queixa sobre o governo. Enquanto conversam, ambas mantêm o olhar fixo uma da outra. É íntimo, importante.

"Sim, sim, entendo o que você está dizendo", murmura minha mãe, meneando a cabeça. Observo de perto, ouvindo atentamente, fascinada por aquela assembleia de mulheres. A multidão cresceu tanto que estou sendo espremida, mamãe e eu de mãos dadas com menos firmeza. De repente eclode um pequeno tumulto — talvez alguém tentando furar a fila — e, assim como um grande bando de aves alça voo e se dispersa brevemente, assustado, as mulheres da fila gritam e se separam por um momento antes de formar mais uma vez uma unidade organizada, coesa.

Contudo, mamãe não está mais segurando minha mão.

Fico confusa e pasma e apavorada, tudo isso numa questão de segundos.

Estou perdida na multidão.

Reconheço muitos rostos, mas não o da minha mãe.

Corro de uma mulher para outra em pânico, meu coração apertado, tomado pela necessidade de estar ao lado de uma mulher em particular.

Começa a chover copiosamente. Em instantes, minhas roupas e sapatos ficam encharcados.

Uma voz em minha mente está me dizendo que aquilo não poderia estar acontecendo; mamãe deve estar em algum lugar por perto, não é possível que ela me perca, não é possível que eu esteja perdida.

Lembro-me do rosto da mulher com quem ela conversara minuto antes, entretanto não consigo ver esse rosto na multidão também. Chove tão forte agora que o meu cabelo gruda na cabeça e no rosto; e estou com frio, com muito frio. Estou com a ponta do nariz, as faces e as orelhas congelando.

A preocupação com mamãe e comigo mesma começa a me afligir. Quando ela está em pânico, seus lábios e mãos tremem. Imagino como deve estar pálida, procurando-me freneticamente, o coração disparado. Neste momento mais preocupada com a minha mãe do que comigo mesma, desmancho-me em lágrimas, jogando a cabeça para trás, gemendo alto. Pessoas estranhas tentam me consolar: "O que foi, pequenina? Por que chora desse jeito?". Porém mamãe sempre me dissera: "Nunca fale com estranhos; vá até um policial se você se perder". Agora, quando estranhos tentam me ajudar, choro mais alto do que nunca e recuo; eles, por sua vez, achando que devo ter algum distúrbio mental, se afastam de mim.

Ando de um lado para o outro desanimada, esbarrando nas pessoas, olhando para a esquerda e a direita, chorando convulsivamente até ficar sem voz.

Finalmente, quando parece não haver mais nenhuma possibilidade de um reencontro, minha mãe aparece diante dos meus olhos. Seu rosto bonito está contorcido por uma mescla de dor, medo, angústia e pânico. O véu está afastado para trás, os cabelos negros caindo para a frente. Ela me agarra pelos ombros, puxando minha cabeça de encontro a seu corpo. Posso ouvir seu coração acelerado, enquanto fecho as mãos em torno de suas roupas com força e me aproximo mais e mais. Quero fazer parte dela, e não ser uma pessoa separada, uma coisa separada.

Ela afasta meu rosto de si, segurando-o entre as mãos. Lágrimas copiosas banham suas faces, mas não está soluçando. Ela me dá uma bofetada abruptamente, batendo com força. Meu rosto está tão amortecido por causa do frio que mal sinto alguma coisa, apenas ouço o som.

— Não falei a você para não sair do meu lado? Não lhe disse isso, Zarah? Se você se perder mais uma vez, eu morrerei. Quer que eu morra? Quer me ver morta?

Esse aviso provoca em mim mais um acesso descontrolado de pranto.

— Pelo amor de Deus, não morra! — supliquei. — Se você morrer, minhas amigas vão ter mães, mas eu não!

Minha mãe se acalma. Ainda está trêmula, mas há um misto de pesar e alegria em seus olhos. Ela aperta minha mão, entrelaçando os dedos nos meus.

— Prometa que nunca mais vai se perder — diz. — Prometa, Zarah.

Eu prometo.

Em minha cela, cubro o rosto com as mãos.

Eu prometo.

Capítulo 6

O primo da minha mãe foi morto na guerra contra o Iraque quando mal passava de um garoto. Sua morte abalou-a terrivelmente. Eu a apanhara algumas vezes soluçando enquanto se penteava diante do espelho. Se ela percebia que a observava, sorria e fingia que tudo estava em perfeita ordem.

— Estou bem, querida. Não é nada.

Mamãe tinha um irmão na guerra, e eu tinha certeza de que ela pensava tanto nele quanto em seu primo quando as lágrimas escorriam por seu rosto. Ela mantinha o rádio ligado o dia todo e andava ansiosamente de um lado para o outro ouvindo as notícias.

A guerra estava em toda parte. Não era preciso ouvir o rádio para saber que algo assustador estava acontecendo. Fotos de "mártires" eram mostradas na tevê — rapazes com semblante sério, alguns parecendo amedrontados, alguns cheios de falsa coragem. Essas fotos provavelmente foram tiradas quando os jovens ingressaram no exército. É claro que não era todo rapaz que morria em batalha que aparecia na TV, pois em um dia morriam tantos que teria sido impossível mostrar todos na telinha.

Eu via muitas viúvas nas ruas, inúmeras. Mesmo sem nenhuma identificação, sabia quando uma mulher perdera um filho ou o marido apenas pela expressão em seu rosto. O povo iraniano sente a dor muito profundamente, a despeito de religião. A dor tem suas raízes fincadas em nosso passado persa. A dimensão de nossa dor está relacionada à importância do amor na cultura iraniana. Isto pode parecer muito estranho àqueles ocidentais que foram encorajados a adotar uma versão distorcida dos iranianos — homens-bomba, fomentadores de guerra, fanáticos religiosos. O amor, porém, é a coisa mais importante a assimilar quando se estuda os iranianos. E isso tem sido verdade até no período da Pérsia islâmica. Se os ocidentais olhassem mais de perto nossos poetas nacionais, desenvolveriam uma compreensão mais precisa e justa da sensibilidade persa. A dor de minha mãe pela perda de seu jovem primo não era simplesmente movida pelo dever, nem pelas convenções. Ela amava o primo. Amava a todos de sua família. E uma morte na família era uma catástrofe.

A guerra estava em todos os lugares de nosso país, como quando visitávamos a família da minha mãe e a do meu pai em Kermanshah — os dois nasceram em Kermanshah. A província situa-se a apenas 100 quilômetros da fronteira entre o Irã e o Iraque, no oeste do Irã. É a região de nosso país onde a maior parte dos curdos iranianos vive e também onde o zoroastrismo tem seus mais devotos seguidores. De muitas maneiras, Kermanshah é mais Pérsia do que Irã. Ainda é fácil imaginar em Kermanshah o antigo reino de jardins perfumados, rouxinóis, néctares e música de saltério.* Ao menos era mais fácil evocar esse passado persa em tempo de paz. Durante a guerra era um inferno. A cidade ficava ao alcance dos bombardeiros iraquianos, e era um alvo convidativo com os campos de petróleo e as refinarias nas proximidades. Quando fizemos uma visita durante meados dos anos da guerra, num verão, os iraquianos bombardearam as refinarias. Ouvi o estrondo das bombas explodindo e

---

* Tipo de instrumento de cordas dedilháveis, como a harpa, mencionado no Antigo Testamento. (N. do E.)

os gritos das pessoas nas ruas. Os incêndios tingiram o horizonte de um carregado vermelho-alaranjado. As refinarias queimaram como fornalhas durante uma semana e chovia petróleo, o qual não se precipitava como a chuva de uma tempestade, mas sim em forma de chuvisco. Gotículas cobriam tudo. O ar exalava um cheiro terrível.

Nas ruas de Kermanshah e Teerã (e isso certamente também deve ter acontecido em todas as outras cidades iranianas), vi viúvas da guerra pedindo esmolas a fim de obterem comida para seus filhos, numa tentativa desesperada de os manter vivos. Apesar do incessante enaltecimento aos "heróis e mártires" da guerra por parte do governo iraniano, suas viúvas, em geral, tinham de lutar pela vida depois que seus maridos morriam. Nas nações ocidentais, os órgãos responsáveis pelo bem-estar social possuem uma organizada infraestrutura de assistência àqueles que não podem se manter ou que são vítimas de infortúnio, coisa que não existia no Irã ou, pelo menos, não de uma maneira desenvolvida. Geralmente essas viúvas se tornavam pedintes ou dependiam da caridade de parentes. As famílias iranianas são unidas e seus membros apoiam uns aos outros; todavia, em muitas famílias, a ajuda que podiam oferecer era limitada pela pobreza. A situação dos órfãos era ainda pior. O bombardeio de Kermanshah acarretou em centenas de novos órfãos numa única noite.

Vi pais que voltaram da guerra para não encontrar nada. Casa, esposa, filhos — tudo voara literalmente pelos ares. Prisioneiros de guerra que não encontravam vestígio algum da vida que haviam tido anos antes. De alguma maneira, ainda mais desoladora era a experiência dos prisioneiros de guerra que retornaram depois de anos no cativeiro apenas para descobrir que seus nomes constavam não como prisioneiros de guerra, mas como mortos. Ouvi falar sobre esses homens e vi muitos deles, homens que haviam sido levados para a guerra numa onda de patriotismo, elogiados por sua devoção ao país e aos ideais da revolução, descobrir que suas esposas tinham se casado novamente, quase sempre por pura necessidade, e que não eram mais bem-vindos; eles haviam se tornado um constrangimento.

Todos no Irã, incluindo minha família, ficaram desoladamente familiarizados com aqueles que regressavam da guerra com a mente tão abalada pela coisas que haviam visto e vivido que nunca mais poderiam recuperar o senso de pertencer a alguém ou algo. A experiência desses homens desafortunados, em muitos aspectos, assemelhou-se àquela experimentada pelos veteranos da guerra do Vietnã. Era como se tivessem olhado fixamente para um abismo e visto coisas tão horríveis que tudo aquilo pelo que haviam lutado parecia ridículo, digno de pena. Um dos meus parentes mais velhos lutou durante os oito anos inteiros da guerra e, ao longo desse período, tornou-se um completo estranho para o restante de nós da família. Ele tirou licença com bem pouca frequência: apenas seis vezes naqueles oito anos. Não gostava de tirar licença; apenas ferimentos ou a insistência de oficiais das mais altas patentes (e ele próprio era do alto escalão e condecorado) o forçavam a deixar o *front*. Lutar na guerra significava mais para ele do que qualquer outra coisa na vida. Era, suponho, um guerreiro nato.

Quando a guerra terminou, ele não pôde mais continuar evitando a outra parte de sua vida — a parte doméstica, a parte que era incapaz de assumir, sendo um guerreiro. Retornou para encontrar seu filho mais velho num estado deplorável: viciado em heroína, quase enlouquecido, doente, o rosto fatigado e a expressão atormentada. Não sabíamos como conversar com o filho ou com o pai. Meu tio tentou encobrir a tragédia, fingir que tanto pai quanto filho estavam bem; foi a maneira que ele encontrou de tentar levar os dois de volta ao seio da família. Ele disse ao pai, o herói de guerra:

— Esse é o filho que você criou? Ele não aparece para nos visitar e está sempre com os amigos se divertindo.

O pai respondeu com um sorriso amargo:

— Quando estávamos na guerra defendendo vocês e a sua dignidade, esperamos que todos vocês que ficaram aqui zelassem pelo bem-estar das nossas famílias. Devolvemos a vocês a sua terra e a sua honra intactas. A confiança de vocês em nós se justificou. Mas e quanto à nossa confiança em vocês?

Parecerei precoce se disser que a guerra me deixou exausta, desgastada? Parecerá egocentrismo ao leitor se eu afirmar que a guerra abreviou minha infância, forçando-me a amadurecer depressa demais? Afinal, os jovens no *front* que foram impelidos a limpar campos minados marchando sobre eles, que vivenciaram o horror de ataques de gás, de bombardeios que duraram dias, que lutaram quase famintos, que foram sacrificados em ataques suicidas em campo aberto — esses iranianos e suas famílias certamente têm os maiores motivos para reclamar. E é verdade. Mas a guerra gera baixas tanto no campo de batalha quanto fora dele. As crianças iranianas da minha geração tornaram-se vítimas secundárias da guerra. Todas crescemos sem conhecer a alegria de ser criança. Nossos sorrisos eram sorrisos culpados. Nosso riso era considerado obsceno. Nossos devaneios eram repreendidos, tidos como irresponsáveis. A inflexível severidade dos dogmas do regime foi ainda mais intensificada pela propaganda de guerra. Os pequenos nichos nos quais as crianças iranianas poderiam ter expressado sua natural exuberância foram todos fechados, bloqueados. O que as exigências da religiosidade excessiva do regime não destruíram, o sofrimento da guerra sufocou. Crianças de 7 e 8 anos tinham no rosto a expressão dos adultos.

Esse período da minha vida — o período da minha infância fugaz — deixou-me com o anseio de criar uma infância adequada para os meus próprios filhos, quando os tiver, como espero de todo o coração que aconteça. Que nunca se sintam inclinadas a usar preto, essas crianças pelas quais tanto anseio. Que mantenham seus rostos expostos ao mundo o dia inteiro. Que só pensem em aviões como máquinas amistosas que transportam pessoas a outras cidades, outros países, e que nunca lançam explosivos letais em lugares cheios de gente aterrorizada. As histórias que lerei para os meus filhos não serão histórias de mártires. As regras que estabelecerei para eles não terão nada que ver com sacrifícios, nada que ver com uma vida depois desta; as regras apenas enfatizarão a cortesia, a tolerância. As obrigações deles serão as de encontrarem felicidade e a preservarem. Quando eu amamentar meu bebê, espero poder fazê-lo sem ouvir o som da sirene de alerta vermelho, à espera de uma catástrofe criada por homens enlouquecidos pelo ego. Acima de tudo, que meus filhos nunca se vejam obrigados a compreender coisas que estejam além do entendimento próprio à sua idade. Que nunca saibam, sem que alguém lhes diga, que a mulher ali adiante de rosto pálido, ansioso, acaba de ouvir que seu marido se tornou um mártir.

Capítulo 7

Posso manter um acompanhamento bastante imperfeito do tempo ao ouvir o chamado para as orações pelo sistema de alto-falantes da prisão. Sei, ou acho que sei, que agora passa um pouquinho da meia-noite. Estou sendo cutucada e empurrada ao longo do corredor pelo guarda. Os interrogatórios acontecem vinte e quatro horas por dia em Evin. Os interrogadores trabalham em turnos, parando apenas para orar.

Estou vendada. O guarda força-me a sentar em uma cadeira do que acho que seja a mesma sala de interrogatório à qual fui levada antes. Espero que a venda seja removida, como tem acontecido em cada interrogatório até agora. Mas ela não é retirada.

Tento visualizar mentalmente o lugar onde estou. Sei que a mesa de madeira vazia está bem à minha frente. No alto da parede, acima da mesa, há uma janela larga, horizontal, escurecida com tinta e fita adesiva. A porta à direita é pesada, feita de metal, destinada a conter qualquer ideia de uma repentina corrida para a liberdade. As paredes são de um cinza monótono, arranhadas até a altura que os braços de um homem poderiam alcançar. Posso imaginar com facilidade como esses arranhões foram parar lá.

Ouço passos se aproximando e tenho certeza de que não são do homem gordo. Como posso estar tão certa, não sei; não memorizei intencionalmente o som dos passos do gordo. Ouço com espantosa clareza os sons dos gestos desse novo homem enquanto ele anda pela sala. Sem querer, viro minha cabeça para um lado e para o outro numa tentativa de seguir os passos dele. É obviamente um reflexo: a necessidade de acompanhar cada movimento do inimigo, mesmo estando de olhos vendados. Fico com a sensação de que os gestos do interrogador se destinam a me atormentar. Tenho certeza de que ele se diverte ao me ver tentando segui-lo às cegas, de um jeito tão inútil.

É fácil demais imaginar todos esses torturadores, em todos os lugares do mundo, iniciando-se na profissão escolhida ao provocar animais, arrancar asas de moscas, afogar filhotes de gatos em banheiras. Como adultos, conservam todas as piores características de garotinhos repulsivos, exercendo poder sobre os impotentes. Ainda enquanto luto contra o medo que as táticas desse novo torturador me despertam, faço uma insana anotação mental para ridicularizá-lo por seu senso de humor infantil em algum momento futuro, quando eu estiver livre.

Os movimentos cessam atrás da cadeira em que estou sentada. Minha audição desenvolveu tamanha hipersensibilidade que consigo ouvir a respiração desse homem como se fosse amplificada, embora não seja irregular ou ofegante.

— Como conheceu Arash Hazrati? — pergunta o interrogador.

Essa é uma voz diferente, mais suave. Absurdamente, apanho-me pensando: "Oh, espero que ele seja bom!". Por que acalento tal esperança? Porque a voz dele é suave? Oh, é idiotice, mas não posso evitar! Preciso tanto desse milagre, que este novo homem acabe se revelando um homem bom! Faço-lhe uma promessa mentalmente: "Se você for bom, jamais vou ridicularizar você, jamais!".

Ele aguarda minha resposta da mesma maneira que aguardei sua pergunta.

Arash é o líder dos protestos na universidade e é meu amigo. É mestre, e não discípulo. Foi preso em algumas ocasiões, trazido para Evin e mantido aqui por meses em todas elas. Às vezes, quando o encontro e lhe pergunto como está, ele abre um sorriso franco e diz: "Com saudade de Evin". Nunca falou em detalhes sobre o que enfrentara e, portanto, é apenas agora que entendo como é corajoso para conseguir fazer uma piada dessas. Estava estudando Direito no ano passado, porém não o deixaram concluir o curso. Todos adoram Arash — ao menos todos que admiro. Arash é um herói, um leão, e o regime o odeia.

Ainda estou nutrindo uma esperança infantil de que esse novo homem, esse novo interrogador, seja bom, atencioso, gentil e de boas maneiras, um cavalheiro, um príncipe.

Em vez de responder a sua pergunta, pergunto se posso retirar a venda.

— Não — diz ele num tom manso. — Apenas ouça minhas perguntas e as responda cuidadosamente. Se não responder com muita atenção, ficarei zangado. Quer que eu fique zangado?

Meu sonho de ser tratada com gentileza por este homem se dissolve num instante, como era de se esperar, como eu já sabia.

— Eu só o conheci na universidade — falo, esperando que isso fosse o que ele queria dizer com "responder com muita atenção". — Estudamos na mesma universidade.

— Isso é tudo? — indaga o algoz.

— Sim.

Então ele começa a ler uma lista de horários e datas. Em todos eles Arash e eu fomos vistos juntos. Quer saber o que Arash e eu fazíamos nesses encontros. Não consigo lembrar. E como o interrogador sabe de todos esses detalhes? Todos os horários e datas são verdadeiros? Tomo uma decisão que dispara um alarme em minha mente, como um aviso. Vou negar que vi Arash nas ocasiões que alegam que o vi. Vou negar cada um. O que essas pessoas podem provar? Nada. Negarei, negarei e negarei.

— Só o conheço um pouco e sempre o vejo no *campus*, nada mais — respondo.

O homem ri. Não é um riso alto, que fere os ouvidos.

— Bem, parece que você acha que sou um idiota — comenta. — Ouça. Vou deixá-la sozinha aqui e você dará uma olhada em algumas fotos que colocarei à sua frente. Examine-as cuidadosamente. Escreva qualquer coisa que lembrar a respeito delas. Qualquer coisa. Compreendeu?

Ouço o interrogador sair da sala. O som da porta abrindo e fechando. Seus passos no corredor.

Hesitante, removo a venda.

É a mesma sala da última vez.

Estou sentada bem próxima a uma mesa de madeira. Algumas fotos estão dispostas sobre ela. São coloridas, cada uma com cerca de vinte por quinze centímetros. Cada uma das fotos mostra Arash e eu juntos, às vezes com outros amigos. Há fotos em close, outras de corpo inteiro obviamente tiradas a uma relativa distância com uma teleobjetiva. Ao ver meu rosto em close, meu rosto sorridente, risonho, sinto-me violada. Fui fotografada por um completo estranho em momentos em que estava feliz, em que me sentia livre, despreocupada. Quem quer que tenha tirado essas fotos não tinha o direito de fazê-lo. A intimidade nas fotos pertence a mim, a Arash e aos nossos amigos. É como se a intimidade tivesse sido roubada de mim.

Que jeito tolo de pensar! Ainda estou julgando essas pessoas — essas pessoas do regime, esses interrogadores, esses torturadores — como se pudessem se enquadrar na mesma categoria ética e moral de indivíduos normais. Estou tendo dificuldade para pôr na cabeça que essas pessoas não são iguais às demais. Elas estão acima da lei. Não têm de prestar contas por coisas como espionar, ouvir conversas clandestinamente, tirar fotos sem autorização, vender pessoas, espancá-las, humilhá-las. Por que não consigo enfiar isso na minha cabeça? Por que fico tão chocada diante de cada nova violação? É porque acredito que a constituição do Irã fala sobre os direitos de seus cidadãos? Que diz que nenhum cidadão pode ser raptado, trancafiado, ver-se proibido de ter um representante legal, coagido a falar? Porque é exatamente isso que a constituição do meu país garante — que qualquer cidadão esteja livre de uma prisão arbitrária e coação. Embora eu tenha ouvido sobre inúmeros casos de pessoas que se opuseram ao governo e, em consequência, foram presas e submetidas a abusos, não fui capaz de acreditar que aqueles que servem ao governo do meu país poderiam me fazer o mal que desejassem.

Aqui está uma foto minha e de Arash tomando café numa lanchonete. Aqui estamos numa manifestação: Arash, o leão, dirigindo-se à multidão, o braço erguido; e eu, no palanque, olhando para ele com adoração. E — Deus do céu! — aqui estou eu entrando na casa de Arash! E aqui estou saindo da casa algumas horas depois, de acordo com as anotações da data e do horário em cada foto.

— Como se atrevem! — sussurro. — Como se atrevem!

Não posso explicar nada. Posso dizer ao interrogador o que eu estava realmente fazendo? Impossível. Luto para fazer com que a caneta execute a tarefa, luto para escrever.

Escrevo umas duas frases sobre duas das fotos. Isso é tudo.

Ouço uma batida à porta.

Recoloco a venda no lugar.

O interrogador entra na sala. Ouço-o pegar a folha de papel em que escrevi tão pouco.

— Então você esqueceu como se escreve? Certo?

Ele me atinge em cheio no rosto, um tapa com a mão aberta.

Fico chocada. Na minha vida inteira, nunca apanhei desse jeito. Minha mãe me batia; mas esse foi um tapa a sangue-frio, motivado por desprezo, não por amor.

— Ouça bem — diz com seu tom controlado e decidido. — Vou sair da sala outra vez e quero que este papel esteja todo preenchido quando voltar. Está me entendendo?

Eu o ouço sair. Retiro a venda novamente, o rosto ainda queimando.

Tenho de escrever alguma coisa. Tenho de escrever alguma coisa. Tenho. O que posso dizer? O que esse homem quer ouvir?

Foto 2. Fui à casa de Arash para conhecer sua biblioteca.

Foto 3. Arash e eu estamos indo até o escritório de uma revista para ver um amigo.

Isso é tudo. Não posso escrever mais nada. Não sei o que dizer. Sei que o que informei não irá satisfazer o torturador, mas simplesmente não consigo pensar em mais nada. Gostaria de conseguir. Dou-me conta de que poderia escrever os nomes de todos os meus amigos que aparecem nas fotos, no entanto reluto em fazê-lo. Meus amigos poderiam acabar parando aqui nesta sala comigo.

Coloco a caneta na mesa ao lado das fotos e da folha de papel em que escrevi. Não está toda preenchida. Nem mesmo até a metade, nem mesmo até um quarto dela. Recoloco a venda, como me sinto impelida a fazer.

O interrogante ainda não voltou. O que está fazendo? Ouvindo atrás da porta? Ou está interrogando outro ao mesmo tempo que me interroga? É como um daqueles jogadores de xadrez, capazes de conduzir dois, três ou quatro jogos ao mesmo tempo, indo de tabuleiro em tabuleiro, movendo um cavalo, um peão, um rei, sempre mantendo o controle do jogo?

Espero com a venda nos olhos.

Está vindo. Escuto seus passos no corredor. Está abrindo a porta. Ouço sua respiração. Imagino-o examinando o que escrevi. O que pensa a respeito, não faço ideia. Ele está rindo, mais uma vez discretamente; um riso breve, particular. Posso ouvi-lo fazendo algo, contudo não tenho ideia do que seja.

Sem aviso, ele me bate — não com a mão desta vez, mas com outra coisa, um cinto de algum tipo. A dor percorre meu braço direito exposto, uma dor assustadora como uma explosão em minha pele. O cinto tem rebarbas; percebo mesmo em meio à dor minha pele sendo perfurada.

— Por que fez isso? — grito.

Sinto o sangue escorrendo.

Ele torna a me golpear, desta vez no ombro direito. A dor é pior do que na primeira vez. Caio da cadeira no chão, esperneando, me debatendo.

— Por favor, não faça isso! Por favor! Eu escrevi sobre as fotos! O que mais quer?

O agressor agarra-me pelo braço machucado, fazendo com que eu me levante. A dor piora com a maneira como me segura e grito mais alto do que já gritei em toda a minha vida.

Ele me obriga a sentar na cadeira.

— Ajudei você a se lembrar de mais detalhes? — indaga. — Vou sair da sala. Esta será a sua última chance. Quando eu voltar, o papel deverá estar todo preenchido. Se não estiver, se você ainda não conseguir se lembrar, sabe exatamente o que acontecerá.

Ele dá um tapa no meu ombro, onde o cinto abrira minha pele, e deixa a sala.

Ergo o braço para retirar a venda, contorcendo o rosto de dor. Os ferimentos espalham-se pelo braço direito. Os pontos perfurados que sangram são pequenos, todavia parecem profundos, como se eu tivesse sido golpeada repetidamente com uma agulha de aço. Pego a caneta com a mão direita. A dor em meu braço e no ombro é a pior que já tive de suportar, mas ainda mais forte do que a dor é meu desejo premente de evitar que ela volte a ser administrada. Assusto-me em pensar no que eu seria capaz de fazer para evitar ser agredida outra vez.

O que posso escrever? Não posso dizer o que fiz na casa de Arash, posso? Não, não posso. Não sei qual seria a reação do interrogador. Já me considera depravada por ter ido sozinha à casa de um homem que não é meu marido. Se eu lhe disser o que aconteceu, talvez ele use isso contra Arash. Ou talvez contra mim.

Sentada ali, seguro a caneta com força, lutando para encontrar uma solução para o dilema. Cada segundo de demora para escrever algo me aproxima mais da punição. Acho que sei o que vou fazer, mas não posso aceitar que realmente farei uma coisa dessas. Toco o ombro onde o cinto me atingiu; estremeço. Espero alguns segundos e, então, torno a tocar o ombro. Sussurro para mim mesma: "Covarde! Covarde!".

Isto é o que faço, finalmente: entrego o nome dos meus amigos. Digo o nome de cada um deles nas fotos.

A culpa me deixa arrasada, entretanto meu sofrimento moral é imediatamente substituído por racionalizações egoístas: "Meus amigos teriam feito o mesmo se estivessem sentados aqui. Não sou uma heroína. Não podem esperar que eu morra por eles. Eles não morreriam por mim".

E a conclusão que supera todas: "Não posso suportar mais. Não posso. Não posso".

Estou chorando, o rosto molhado. Ao mesmo tempo, porém, estou escrevendo. Preenchendo a página.

— Assim está melhor, não está? — diz o interrogador quando retorna, tendo-me dado tempo para recolocar a venda.

Não respondo. Ainda choro. Essas são as lágrimas que uma pessoa derrama quando descobre que seu medo da dor é mais forte do que suas convicções. São as lágrimas que uma pessoa derrama quando odeia a si mesma. Meu Deus, sempre acreditei que seria tão mais forte, que resistiria até a morte, se necessário fosse. Mas não é verdade. Não é verdade. Não sou a pessoa que acreditei ser.

— Você teve relação sexual com Arash Hazrati quando esteve na casa dele? — pergunta o inquisidor com seu jeito falsamente razoável. Um simples "sim" a essa pergunta, como entendi quando me recusei a dar quaisquer detalhes da minha visita à casa de Arash, provavelmente seria seguido por uma sentença de morte, e não apenas a minha sentença de morte. A presa que realmente estão tentando acuar é Arash. Eu não sou nada.

— Não, nunca, éramos apenas amigos.

— Por que você foi à casa dele?

— Eu queria dar uma olhada em sua biblioteca. Ele tem livros que estive procurando e não consegui encontrar em nenhum outro lugar.

— E apenas ele tem esses livros, certo?

Vejo o erro que cometi. Impliquei Arash no crime de posse de livros ilegais. Tento me livrar. E a Arash.

— Não, o que quero dizer é que ele tem livros realmente antigos...

— Livros muito bons? Livros muito bons que são ilegais, certo? Foi por isso que você foi até lá? Ou talvez tenha desejado se divertir um pouco com o seu super-herói, deitando-se na cama dele e lendo um de seus livros? Certo?

Meu algoz está com o rosto bem próximo ao meu. Segura meu queixo entre os dedos. Está tentando impedir que eu desvie o rosto do seu.

— Afaste-se de mim! — grito.

— Lamento se as minhas mãos não são tão macias quanto as dele. — Ri mansamente de sua primorosa tirada.

— Sabe que está demonstrando desprezo pelo Islã ao entrar numa casa com um homem que não é seu parente? — declara ele, soando subitamente como um representante do clero. — Isso seria muito, muito sério.

O que quero dizer é que também é ilegal que ele me toque. Quero dizer-lhe por entre os dentes que essas regras só parecem se aplicar quando lhe convém. Mas não é o que falo em absoluto. O que respondo é o seguinte:

— Sim, mas eu disse que apenas fui até lá para dar uma olhada na biblioteca dele. É óbvio, mesmo pelas fotos, que estou segurando livros quando deixo a casa. Nem sequer retirei meu lenço. — Então, surpreendendo a mim mesma, acrescento: — E, de acordo com as regras, você não deveria me tocar também.

Ele esbofeteia meu rosto.

— Menininha — rosna, perdendo a compostura pela primeira vez —, não me diga quais são as regras. Eu crio as regras aqui e, se quiser, eu as ignoro. Posso fazer qualquer coisa que quiser. Você entende o que quero dizer?

Sinto-me estranhamente contente por ter deixado esse homem odioso zangado. De imediato, porém, começo a temer o que ele vai querer para provar o que diz — querer demonstrar seu completo poder sobre mim, sobre qualquer um que é arrastado para esta sala. Posso ouvi-lo ofegar feito um cão. Está exagerando o som para me assustar ou apenas se divertir.

Caminha em torno da minha cadeira, para, espera e, em seguida, começa a acariciar meu pescoço com os dedos. Tenta ir mais longe e eu luto para impedi-lo. Estou berrando, sem pensar nos problemas que essa minha reação pode me causar. Não me importo. Em algum ponto dessa luta dou-me conta de que esse homem desprezível está, na verdade, tentando fazer com que eu me sinta atraída por ele. É inconcebível, mas realmente acredito que, para ele, isto é alguma forma insana de cortejar. Ele está beijando meu pescoço, babando na minha pele, apertando minha mão. Agora estou implorando para que ele pare, emitindo as mais sinceras súplicas de que sou capaz. Isso não o faz parar. E, então, eu vomito. O vômito jorra do meu estômago com grande força e se esparrama pela minha roupa da prisão.

Ele se afasta de mim.

— Cadela! — exclama.

Estou tossindo e chorando ao mesmo tempo agora. O interrogador deixa a sala apressado. Outra pessoa entra depressa, agarra meu braço e me arrasta para fora, pelo corredor. Sou jogada em minha cela. A porta é trancada.

Arrancando a venda, atiro-a pela abertura. Com os olhos livres, desabo no chão e choro convulsivamente. Em alguns momentos sinto o fedor do meu vômito e um cheiro diferente, um pouco mais suave... o do meu sangue.

Capítulo 8

Iranianos apaixonam-se exatamente da mesma maneira que todas as pessoas do mundo. Muçulmanos apaixonam-se da mesma maneira que todas as pessoas do mundo. Jovens mulheres cobertas por vestimentas da cabeça aos pés apaixonam-se da mesma maneira, pelo mesmo processo, tomadas pelas mesmas emoções, que as jovens de todo o mundo.

A liberdade de experimentar uma dúzia de relacionamentos antes de assumir um compromisso com determinada pessoa não é acessível para a maior parte dos iranianos. Essa liberdade em especial, porém, ao contrário de outras, talvez não seja uma grande perda. No final, uma compatibilidade razoável entre almas é o que basta. Depois disso, ou assim imagino, é tudo uma questão do que uma pessoa tem dentro de si a oferecer: lealdade; afeição; ambição espiritual.

Estava perto do final do meu primeiro ano na Universidade de Teerã quando me apaixonei por um dos pouquíssimos alunos que usavam terno no *campus*. Eu o notara algumas vezes quando passeava com minhas amigas pelo *campus* no intervalo do almoço, prestando bastante atenção aos rapazes da maneira como as moças fazem no Irã: observação minuciosa, mas nenhuma grande manifestação pública do interesse ou do deleite que pudéssemos estar sentindo. A forma como conversávamos entre nós sobre rapazes, sexo, beleza e carisma masculinos e sobre desejo e anseio pode ser resumida pela expressão em farsi,* *maskhare bazi*. Um equivalente grosseiro para ela seria "provocar", contudo a expressão sugere algo mais específico: "provocar alguém em relação a algo que em outra ocasião seria levado a sério" talvez traduza o significado mais completo de *maskhare bazi*.

O homem que eu havia notado era, conforme o estereótipo, alto, moreno e bonito; porém, mais importante, tinha um ar de discreta confiança e demonstrava uma maturidade superior à sua idade. (Calculei algo em torno dos 25 anos.) Perguntei às minhas amigas se sabiam quem ele era. Em resposta, ficaram em absoluto silêncio por trinta segundos. Então, seguiu-se o sermão: eu não deveria mais pensar nele; deveria procurar alguém da minha própria idade; teria de recobrar o juízo. O problema era que aquele bonito homem de terno, com modos gentis e olhos bondosos, era o filho mais velho de uma família muito rica. E ele e sua família eram simpatizantes do regime. Assim, sua idade, sua riqueza e sua opção política deveriam tê-lo descartado definitivamente de minha estima. Mas me permiti fantasiar. Eu ainda venerava Arash, no entanto nunca pude pensar nele como meu namorado; ele levava uma vida distante dos meros relacionamentos entre moças e rapazes.

Tanto minhas amigas quanto eu tínhamos as mesmas queixas corriqueiras e não muito focadas em relação ao regime. Irritação e ocasional raiva do rigoroso código de vestimenta, com a ideologia inflexível dos mulás, com todos aqueles "faça" e "não faça" que esperavam que assimilássemos — esse era o conteúdo de nossa "oposição" ao regime. Nenhuma de nós desenvolvera uma maneira sofisticada de olhar para a filosofia fundamentalista do

---

* Língua persa falada em países como Afeganistão, Irã, Tadjiquistão, Uzbequistão, Bahrein, Iraque, Azerbaijão, Armênia, Geórgia, Sul da Rússia e regiões vizinhas. (N. do E.)

regime; nenhuma de nós poderia ter elaborado um argumento coerente para apoiar nossas queixas. As jovens do meu círculo de amizades poderiam ter resumido sua política em uma frase: "Ei, garotas só querem se divertir, está bem?".

Ao mesmo tempo, havia anos que sabíamos quem era o inimigo. Assim, durante aquele primeiro ano na universidade, nosso desdém pelo regime e por aqueles que o apoiavam — pessoas como o bonitão que eu acabara de notar — tornara-se mais específico. A hipocrisia tornou-se um ódio em particular para nós — a hipocrisia de um governo que premiava com todos os tipos de vantagens aqueles que o apoiavam, quer esse apoio fosse sincero, quer não, e negava qualquer favorecimento àqueles que manifestassem até mesmo a mais branda crítica aos que detinham o poder. Até mesmo os que não diziam nada (porque não tinham nada de bom para dizer sobre o governo) eram privados de ascensão em suas carreiras, privados do direito a moradias de melhor qualidade, de vistos para viagens ao exterior e de contratos com o governo.

Minhas amigas e eu passamos a ver que era necessário que uma pessoa praticamente vendesse a alma para ganhar sua cota das vantagens que o governo concedia. Qualquer um com dinheiro de verdade para gastar no Irã — quero dizer muito dinheiro, o equivalente a milhões de dólares norte-americanos, por exemplo — era amigo do governo, por definição. Uma pessoa assim não era, na maioria dos casos, um companheiro de ponto de vista filosófico, mas um meio para se alcançar um fim. E o homem de terno elegante que comecei a notar estava, segundo diziam — Arash, principalmente, e aqueles que sabiam — bem entranhado entre os mais dedicados bajuladores hipócritas do país.

Minha atração por Behnam encontrou como válvula de escape sua manifestação inicial em confissões num diário. Não muito tempo depois de ter descoberto seu nome e um pouco sobre sua família, elaborei uma versão pessoal de uma lista de revista feminina do tipo "Ele é o homem certo para você?":

Eu
1. Engraçadinha, talvez bonitinha
2. Com os pés no chão
3. Dezenove anos de idade
4. Com família bem de vida, mas não rica
5. Mãe: tranquila em relação à religião
6. Pai: forte, confiável, um pai de verdade, religioso até certo ponto
7. Cinco irmãos
8. Adepta de esportes
9. Morando num bonito subúrbio, o mais antigo de Teerã
10. Talvez inteligente, se cursar uma universidade significa ser inteligente
11. Não entendendo nada de negócios
12. Não tendo o próprio carro

Ele
1. Lindo!
2. Arrogante ou tímido, não tenho certeza
3. Vinte e três anos de idade
4. Admirado
5. Mãe: bastante religiosa
6. Pai: homem de negócios morando nos Estados Unidos
7. Apenas um irmão
8. Não muito chegado em esportes
9. Morando no subúrbio mais rico da região
10. Inteligente, de acordo com o padrão que também utilizei para mim
11. Homem de negócios, mais ou menos
12. Tem sido visto dirigindo pelo menos dez carros diferentes!

O resultado dessa análise altamente científica foi cem por cento negativo: não havíamos sido exatamente feitos um para o outro. Mas, da maneira como todas as garotas reagem quando uma análise como essa (ou a leitura do horóscopo, ou até mesmo o puro bom senso) contradiz suas esperanças, ignorei o resultado. No dia seguinte, senti-me um tanto embaraçada ao dizer às minhas amigas que era louca por Behnam, uma vez que elas já haviam me explicado, com tanta sutileza, que eu era, praticamente, uma plebeia, e ele, um príncipe... e bem, encare os fatos, menina, você nem sequer tem um carro. (E como poderia? O tipo de carro ultrasseguro que meu pai teria me deixado dirigir — um Volvo zero-quilômetro, talvez — teria custado uma fortuna no Irã.) Em suma, elas me disseram que eu era maluca. Também disseram, como forma de compensação, que ele não valia o esforço, sendo tão orgulhoso, convencido.

Behnam passava por mim nos corredores da universidade sem esboçar a menor reação aos meus sorrisos hesitantes. Era raro vê-lo sem um celular ao ouvido e, assim, minhas oportunidades para deixá-lo saber da minha existência eram extremamente limitadas. Tomando a iniciativa, pedi a uma amiga, Miriam, que estava saindo com um amigo de Behnam, que me apresentasse a ele, e assim ela o fez. Behnam portou-se durante a apresentação como se fosse um ilustre diplomata saudando uma autoridade do baixo escalão de algum país estrangeiro não importante. Foi formal, correto, educadamente distante. Em vez de me sentir desencorajada, eu me vi admirando as maneiras dele. Com que cortesia demonstrara sua completa falta de interesse por mim! Apenas um verdadeiro cavalheiro sabe fazer isso. E, assim, minha paixonite se intensificou.

O namoro no Irã segue um formato que data de antes da Revolução Islâmica, embora os mulás certamente tenham acrescentado mais tensão e mais falta de sentido a um ritual já tenso e sem sentido. Uma moça tem permissão de sair com um rapaz, mas apenas quando está devidamente acompanhada. Uma acompanhante raramente é o adequado; um pequeno bando das amigas da garota se encontrará com um segundo bando dos amigos do rapaz, e o grupo misto assistirá a um filme junto, ou tomará suco de frutas, ou simplesmente se sentará em algum lugar trocando sorrisos vagos. Em meio a toda essa tolice cuidadosamente orquestrada, o relacionamento do rapaz e da moça está, de certo modo, avançando. Por mais improvável que pareça, os empecilhos para a intimidade, na verdade, aumentam a receptividade de uma pessoa — é mais ou menos como os cegos, que costumam muitas vezes desenvolver extraordinária sensibilidade auditiva. Um breve olhar do rapaz pode conter a eloquência de cem poemas de amor. A concordância em relação à escolha de um suco de frutas pode representar concordância em tudo, prolongando-se por anos no futuro. De uma maneira peculiar, a essência do romance é frequentemente mais bem preservada por restrições do que pela total liberdade.

Tornei-me parte da comitiva de namoro da minha amiga Miriam. Ao mesmo tempo, Behnam estava cumprindo o dever de ajudar a completar a comitiva do amigo. Os rapazes e as moças de cada comitiva aproveitavam a oportunidade (como era esperado e aprovado) para conversarem uns com os outros; uma forma de paquera em massa, todo mundo de olho em todo mundo. Eu tentava conversar com Behnam, mas ficava tímida demais para dizer algo mais interessante do que: "Puxa! O tempo anda quente ultimamente, não acha?", ou: "Obrigada por perguntar, vou muito bem". Depois de algumas dessas trocas constrangedoras de meia dúzia de palavras, Behnam perguntou-se em voz alta por que eu era tão reticente quando conversava com ele. Estávamos sentados lado a lado no cinema. Ao que assistíamos, não consigo lembrar, entretanto deveria ter sido algo neutro e tolo do tipo que agradara aos censores do governo. Os maravilhosos filmes feitos pelo seleto grupo de excelentes cineastas iranianos só eram exibidos em sessões secretas em garagens.

— Por que você é tão calada e distante comigo? — perguntou ele num sussurro e sem me olhar.

Uma pergunta dessas é carregada de uma intimidade disfarçada, estando bem longe das regras do ritual da paquera, as quais não abrangem nenhum tipo de pergunta cuja resposta exija o emprego de uma frase composta. Achei que estivesse prestes a ter um ataque cardíaco.

— Talvez porque eu não tenha nada sobre o que conversar com você — respondi.

Tão logo falei, tive vontade de esbofetear a mim mesma. Pareci tão rude! O que, afinal, tinha na cabeça? Porque o que eu realmente queria dizer era: "Adoraria conversar com você livre e naturalmente. Estou apaixonada por você. Venero o chão onde você pisa". Em vez disso, ergui uma parede de gelo entre nós. Tive de perguntar a mim mesma: "Zarah, será que você é a menina mais burra de Teerã, do Irã, do mundo inteiro? Você me desanima!".

Behnam desculpou-se e afastou-se pela fileira de poltronas, passando rente aos joelhos das minhas amigas e dos amigos dele. Pensei que fosse embora de vez. Olhei ao redor para as minhas amigas, todas conversando alegremente, comendo pipoca, aproveitando aquela chance de diversão com compostura e graça. Por que, afinal, eu não podia ser assim?

Em meu país, as características básicas de um namoro, e seus costumes mais antigos que o próprio tempo nos relacionamentos entre rapazes e moças, comuns a todas as culturas, ainda persistem. Mais uma vez, eu estava tentando falar dois idiomas — exatamente como fazia quando, ainda criança, ensinei a mim mesma a falar o idioma da Revolução Islâmica e o idioma bem mais fluente da vida doméstica. Mas isso fora há muitos anos. Agora acho difícil demais assimilar esse idioma novo, cheio de rodeios, da paquera e do namoro. Era o que me fazia invejar minhas amigas. Fiquei sentada lá refletindo sobre a minha timidez ou sobre o que quer que fosse que me impedia de dizer com naturalidade coisas meigas, inteligentes, marotas ou recatadas que minhas amigas diziam aos rapazes que queriam encorajar.

Behnam voltou. Trazia suco de frutas para nós. De algum modo, consegui que desse um sorriso — algo tão simples e, ainda assim, para mim, tão difícil! Não dissemos uma palavra durante o restante do filme.

Havia me apaixonado por um rapaz com o qual nem sequer conseguia conversar. Depois daquela noite angustiante no cinema, Behnam e eu nos víamos de vez em quando, contudo eu me mantinha afastada sempre que podia sem parecer rude, porque tinha pavor de ser rejeitada. Ele continuou sendo cordial e atencioso, sempre perguntando se podia me dar uma carona a uma festa ou outra, porém eu geralmente recusava. Desgostosa comigo mesma e farta do meu jeito, enfim decidi conversar com a minha mãe sobre Behnam. Sabia que ela ouviria de bom grado e teria um comentário sensato a fazer — algo inteligente, livre de dogma. O conselho da minha mãe foi direto: na próxima vez que Behnam me convidasse para ir a uma festa, eu deveria aceitar. Mamãe me assegurou que seria Behnam a estar levando a melhor: que eu era uma garota bonita, que qualquer homem seria abençoado no dia em que eu entrasse em sua vida e assim por diante. É claro que uma pessoa conversa com a mãe a fim de ser tranquilizada dessa maneira, elogiada, de recobrar sua autoconfiança, e esse foi o efeito que o conselho da minha mãe exerceu sobre mim.

Em meu país é costume encontrar algum meio evasivo de se convidar uma garota para sair. Behnam não me convidava para festas; ele me perguntava se eu precisava de uma carona. Na vez seguinte em que me fez essa pergunta, eu falei: "Claro, se não estiver fora do seu caminho". A noite desenrolou-se ao estilo de um romance água-com-açúcar, fico feliz em dizer. Eu não teria reclamações se a vida em geral, para todos, imitasse um romance água-com-açúcar. Tudo estava perfeito: eu, ele, uma bela noite em Teerã, música, as estrelas.

A caminho de casa, Behnam estacionou o carro numa rua calma no norte da cidade, com os imponentes montes Elburz elevando-se atrás de nós, como um pano de fundo gigantesco. Mesmo tarde da noite, os sons da cidade ainda se ouviam. Teerã é uma máquina que trabalha mansamente depois da meia-noite e, então, desperta com uma cacofonia ensurdecedora pela manhã. Adoro o som tranquilo do tráfego de fim de noite da cidade. Adoro os gritos, as discussões, os praguejamentos e as buzinas à luz do dia também, mas a noite tem seu fascínio especial. Eu tinha plena consciência de que Behnam queria me beijar. Envergonho-me em confessar, entretanto, que não tinha a menor reserva em me lançar naquele jogo provocador de garota de fazer o rapaz esperar um pouco mais, desfrutando o poder que há nisso, tendo a certeza de que eu poderia pedir a Behnam que corresse descalço em volta do quarteirão se quisesse e que ele soltaria um suspiro e reclamaria, mas obedeceria.

— Ouça o barulho da cidade — falei. — Nunca para. Nunca. Você não adora isso?

A meu devido e doce tempo, nós nos beijamos.

Eu me apaixonei perdidamente ou, devo dizer, mais perdidamente do que nunca. A ternura de Behnam, sua compreensão diante das minhas mudanças de humor, sua atenção e consideração fizeram com que eu me sentisse como se nós dois fôssemos a coisa mais importante e certamente mais gloriosa acontecendo na face da Terra; que éramos um evento marcante na vida do Universo. E, então, a política se colocou entre nós.

Devo explicar que a cultura de negócios do Irã sob o regime dos mulás cria mutantes: pessoas que têm duas cabeças. Homens de negócios são, por natureza, pragmáticos; seu olhar não está fixo em uma forma qualquer indefinida na distância, mas em uma forma firmemente definida que não está assim tão longe. Lidam com o que é concreto. Podem nem sempre ser avessos à poesia, porém não são eles mesmos poetas. E isso, creio eu, aplica-se à mentalidade dos negócios no mundo inteiro. Homens de negócios, contudo, podem também simpatizar com as coisas pelas quais os poetas e visionários clamam, tais como liberdade e justiça. No Irã, uma pessoa não pode fazer negócios sem o apoio do regime, nem de um modo nem de outro — incluindo o tácito —, e ela não obterá apoio algum do regime se simpatizar abertamente com poetas e visionários. Assim, ela esconde seus objetos de simpatia, como Behnam fazia. Ela nunca diz uma palavra para contradizer as normas dos mulás. Contudo o perigo é que ela se tornará o que faz. Suas simpatias silenciosas se desgastarão por falta de expressão e, embora ela continue a sussurrar sua monótona aprovação pela garotada nas ruas gritando por mudanças, o coração, a mente e a alma já são prisioneiros dos mulás.

Behnam era, acima de tudo, um homem de negócios: um pragmático dos negócios. Ele e o pai dirigiam uma empresa petroquímica bastante lucrativa. O pai dele cuidava da parte norte-americana do negócio; Behnam, da iraniana. Era um membro respeitado do que é conhecido como "a comunidade" — o grupo dos homens de negócios iranianos sancionado pelo regime para manter o envolvimento da nação na economia mundial. Os que pertencem à comunidade vivem num permanente jogo de cintura. O acordo tácito é o de que, se por um lado não será solicitado aos membros da comunidade de negócios que divulguem a ideologia do regime, por outro, eles não lhe farão nenhuma crítica. É um tanto como o acordo tácito de alguns casamentos, especialmente os de celebridades: a fidelidade não é algo esperado, mas qualquer deslize tem de ser feito em segredo; jamais deve chegar às manchetes.

Embora ciente de que minha política não recebia a total aprovação de Behnam, eu não pensava muito nisso. Afinal, Behnam mal tinha tempo para política; era tão ocupado fechando negócios ou resolvendo problemas ao celular que seria de admirar que tivesse tempo para sequer notar o que acontecia além de seu mundo. Mas o que eu não percebia era que Behnam não achava que minha política consistisse em muito, não acreditava que eu investira muito emocionalmente nas coisas em que afirmava acreditar. Foi, portanto, um terrível choque para ele quando ouviu falar de um discurso sobre reformas que eu fizera diante de colegas na universidade. Ficou furioso. Quando me encontrou andando por um corredor na universidade, levou-me a uma sala de aula vazia.

— O que, em nome de Deus, você fez? Está maluca?
— Eu fiz um discurso. Falei aquilo em que acredito. Há algum problema nisso?
— Você sabe que sou da comunidade. Sabe exatamente o que faço. Já sabia antes mesmo de termos nos aproximado.
— Precisa gritar comigo?
— Zarah, o que diabo anda passando em sua cabeça?
— Quer me dizer, por favor, por que acha necessário gritar comigo?
— Foi a última vez, e quero dizer a última vez, que você cometeu uma estupidez dessas. Quero você fora dessa merda! Está entendendo? Quero você fora disso. O que fez antes de me conhecer é assunto seu, mas agora é diferente. Não ligo a mínima para o que fez antes de me conhecer. Saia dessa merda agora e fique fora! Está me ouvindo bem, Zarah?

Eu não sabia na ocasião, porém a vez seguinte em que alguém gritaria comigo daquele jeito seria na prisão de Evin.

Behnam me telefonou na noite seguinte à nossa briga, mas eu não quis falar com ele. Sentia-me chocada e desapontada. Não havia dúvida de que amava Behnam, entretanto a explosão dele me deixou confusa. O amor, em sua natureza, é avesso à mudança, até mesmo a uma leve alteração. No famoso soneto de Shakespeare, "Amor não é amor/Aquele que se altera quando alteração encontra", reflito sobre o quanto há de verdade nisso. O amor é profundo, certamente; mas também o é a convicção, incluindo aí a convicção política. Eu estava triste, magoada porque as coisas que me tocavam em meu âmago estavam em conflito com meus sentimentos. Quando fiz meu discurso sobre reformas, não estava tentando me estabelecer como uma radical segundo um modismo. Estava falando sobre questões que me pareciam tão cruciais quanto o amor. Com certeza, o amor está relacionado à liberdade da alma, e a minha política também era sobre a liberdade da alma. Seria verdade dizer que nunca pensei que um discurso pudesse acarretar em meu rapto no coração de Teerã e na tribulação pela qual passaria em uma cela de interrogatório. Eu sabia que fazer um discurso daqueles poderia causar alguns problemas, mas achei que fossem problemas do tipo que se podem resolver.

Depois daquele primeiro desentendimento, começamos a brigar quase todos os dias. Eu me defendia; Behnam atacava a minha política. Ele queria que eu deixasse a universidade e me preparasse para o casamento. Para mim, era algo fora de cogitação. Estava pronta para namorar, certamente, mas de maneira alguma pronta para o tipo de casamento convencional que Behnam parecia ter em mente. O fato de me pedir que desistisse da universidade sugeria que ele achava minha educação acadêmica completamente desnecessária. Talvez acreditasse que a literatura era uma perda de tempo também. O que eu queria para o nosso casamento, caso fôssemos casar, eram beijos, abraços e uma grande dose de leitura. Imaginava uma parede repleta de livros antes mesmo de sonhar com um quarto de bebê.

Nossas discussões só tinham uma trégua quando Behnam atendia ao celular. Eu permanecia sentada ao seu lado, ouvindo-o falar com membros bem conhecidos do parlamento e, às vezes, com pessoas tão do alto escalão do regime que ficava pasma com a facilidade que ele possuía para conversar com elas. Perguntei-lhe uma vez: "Esse é quem eu estou pensando?". A resposta de Behnam foi me informar que seus assuntos de negócios nada tinham que ver comigo ou conosco como casal. Com o tempo fui adquirindo uma compreensão mais abrangente sobre a verdadeira posição de Behnam dentro do sistema de nosso país. O que eu, em princípio, relutara em aceitar — que Behnam fazia, de fato, parte daquele regime opressor —, fui obrigada a admitir pouco a pouco.

Ele mostrava-se totalmente à vontade com o fato de o Conselho dos Guardiões não eleito do Irã, originalmente nomeado por Khomeini, ser o verdadeiro governante do país, uma vez que poderia vetar qualquer lei que passasse pelo parlamento eleito. Também consentia que o regime não hesitasse em desrespeitar a constituição do modo que lhe aprouvesse, que mantivesse uma polícia secreta tão desgraçada quanto a Savak, que a corrupção nos mais elevados escalões do regime corresse solta, que as mulheres tivessem menos direitos legais do que escravos. Nada disso lhe importava; ou, devo dizer, não lhe importava o bastante.

Porém tão logo admiti que o homem a quem amava era, na verdade, meu inimigo político, dei início àquele processo, comum a tantas mulheres do mundo inteiro, creio, que consiste em tentar transformar o amado naquilo em que se deseja ardentemente que ele seja. Mulheres casam-se com alcoólatras dizendo a si mesmas que elas conseguirão mudá-los, que o amor os transformará; casam-se com espancadores de mulher acreditando que, mais cedo ou mais tarde, a consciência do ser amado virá à tona e prevalecerá. Casam-se com mulherengos acreditando que a afeição constante, a prova diária de sua devoção por eles, fará com que o amado se emende, contentando-se por completo com a vida conjugal. E como explicar essa profunda convicção feminina de que o amor trará a mudança desejada? Talvez seja uma forma de egocentrismo. Talvez haja uma espécie de prepotência nas mulheres que as impele a acreditar que o amor é tão vital que até um completo idiota largará seus vícios deploráveis em nome dele. Não há certamente provas para sustentar essa crença egocêntrica em nenhum lugar do mundo, nem agora, nem ao longo da história. Que uma mulher deixe de lado o bom senso para se casar com um homem acreditando que o lado bom dele virá à tona como a nata no leite é, com certeza, um passo desastroso.

Levei Behnam a reuniões políticas. Dei-lhe a chance de ver a tirania e a intolerância do regime. Apresentei-o a amigos meus que achei que talvez fossem eloquentes o bastante para persuadi-lo a se abrir para um ponto de vista diferente. Contudo ou ele saía no meio de uma reunião ou entrava em acirradas discussões com meus amigos. Ele conduzia seu próprio movimento de resistência contra meu movimento pessoal de reformas. Finalmente meus amigos imploraram para que eu não levasse mais Behnam comigo aos encontros. Estavam fartos do sarcasmo, do caráter capcioso e da teimosia dele. Ao mesmo tempo, ele ajudou o movimento de reformas financeiramente. Foi generoso da parte dele, é claro; mas, sob outro aspecto, Behnam não era assim tão magnânimo. Aquela havia sido uma forma que ele encontrara de me persuadir, de me comprar. Era como se dissesse: "Ajudarei como puder com dinheiro, mas, na realidade, abomino a política que vocês pregam".

Minha mãe o conheceu e gostou dele de cara. E por que não iria gostar? Era um homem de grande influência. Podia providenciar para que taxas fossem canceladas, disputas resolvidas, multas de estacionamento anuladas com apenas um telefonema. Falava diariamente com algumas das figuras mais poderosas da nação sobre a importação de produtos químicos e negócios em geral, trocando informações com seu pai nos Estados Unidos, tomando providências para contornar embargos comerciais. Usava terno, andava de modo impecável, falava educadamente. Minha mãe via nele alguém que poderia cuidar de mim; e, na hora da verdade, mães em toda parte do mundo sentem-se inclinadas a optar por genros capazes de cuidar bem de suas filhas e mantê-las fora de perigo. E, é claro, eu havia lhe dito o quanto o amava e, portanto, ela pensava em meus sentimentos também.

Meu pai ainda não havia conhecido Behnam nessa etapa de nosso relacionamento. Eu tinha a sensação de que o encontro, quando acontecesse, seria constrangedor, e o estivera evitando. Behnam, por sua vez, parecia contente em adiar qualquer encontro com meu pai. O fato era que minha mãe ficaria feliz se eu me casasse dentro dos padrões convencionais. Mas e quanto ao meu pai? Provavelmente ele seria bem mais crítico em relação às ligações de Behnam com as forças repressoras do país. Era a política mais uma vez. Para o meu pai, as convicções políticas eram uma característica de fundamental importância para a formação de um homem (ou de uma mulher). Não eram algo a ser adotado por conveniência; meu pai não era hipócrita. E eu puxara ao meu pai no que se referia a política, embora desse ênfase à liberdade pessoal ainda mais acentuadamente do que ele.

O relacionamento prosseguiu aos trancos e barrancos, com muitas brigas e discordâncias. Eu não tinha nenhuma intenção de me afastar de Behnam. Ao mesmo tempo, porém, não conseguia imaginar nossa vida juntos. Minha mãe, meus irmãos e sobrinhos achavam que já estava decidido que eu me casaria com Behnam e que formaríamos um casal esplêndido. Afinal, no Irã, uma jovem normalmente não aceitaria um pretendente se não planejasse se casar com ele e, embora minha família fosse menos convencional nesse aspecto, deve ter-lhe parecido que eu teria de ser maluca se não me casasse com Behnam. Para mim, tudo estava muito confuso. Amava um homem com o qual não podia me casar, todavia não me sentia forte o bastante para simplesmente me manter firme em minha posição e declarar com sincero orgulho que não podia assumir um casamento que não me faria feliz.

Encontrando-me nesse contraditório estado de espírito, fui convidada um dia a acompanhar Behnam a uma festa de casamento. O noivo era um dos amigos dele. Concordei em ir, é claro; parte de mim queria que as pessoas nos vissem juntos como um casal. Assim, vesti-me da maneira que normalmente me vestiria para tal ocasião — com suficiente recato, mas não de modo conservador. Havia graus de observância religiosa feminina no Irã, divulgados pela severidade do traje. Uma mulher podia se vestir para demonstrar o fundamentalismo puro do marido, mal deixando um centímetro quadrado de pele exposta, ou uma mulher podia se vestir para mostrar o devido respeito aos estatutos do Estado sem exagero: uma vestimenta usada para cobrir o corpo desde os ombros até os tornozelos com qualquer uma de meia dúzia de cores discretas; um lenço para cobrir os cabelos; quantidades mínimas de batom, delineador nos olhos e ruge. Entre esses dois extremos (no que dizia respeito à exposição pública) havia uma dúzia de variações. A escolha da roupa servia, grosso modo, ao mesmo propósito que escolha de roupa e adorno em muitas outras sociedades, incluindo as ocidentais. O que cabelos longos e jeans representaram para as garotas dos Estados Unidos dos anos 1960 uma vestimenta azul-clara, lenço verde-claro e batom rosa suave representaram para as jovens do Irã dos anos 1990.

Até aí, tudo bem. Estava vestida confortavelmente, e era improvável que alguém se ofendesse com meu traje. A caminho da festa, contudo, Behnam desviou-se por um momento do percurso, parou o carro e mostrou-me uma versão extremamente conservadora de um chador, do tipo que apenas as iranianas mais fervorosas usam.

— O que é isso? — perguntei.

— Quero que você use isso esta noite — disse Behnam numa voz tensa. — E não quero nenhum discurso religioso, político, histórico nem de nenhum outro tipo. Quero você pelo que você é, Zarah, mas quando estivermos com essas pessoas, teremos de ser como elas. Está bem? Nada de "se", nem de "mas".

Respirando fundo, olhei para o ar de determinação no maxilar dele, pensei a respeito por meio minuto ou algo assim e, enfim, cedi. Era só por ora, prometi a mim mesma.

Na festa, todas as mulheres estavam vestidas exatamente como eu. Qualquer um que lançasse um olhar ao nosso pequeno grupo, que conversava segregado dos homens, teria dificuldade em distinguir uma mulher da outra. Estávamos divulgando, como grupo, nossa satisfação com o regime, com suas regras e dogmas, exatamente como, por exemplo, as mulheres num evento de angariação de fundos do Partido Republicano nos Estados Unidos fariam agora — especialmente um evento de angariação de fundos numa região de maior fervor religioso. Nenhum homem se daria ao trabalho de perguntar a mim (ou a qualquer mulher da festa) uma opinião sobre algum assunto político, social ou cultural. Seria desnecessário. O pressuposto era o de que eu concordava com a posição do governo e do clero em tudo: política externa, deveres das mulheres muçulmanas, os benefícios incalculáveis da Revolução Islâmica para o Irã. E seria a mesma coisa, imagino, nesse hipotético evento de angariação de fundos num ambiente mais religioso que acabei de tirar do nada: qualquer mulher usando um ousado vestido Versace seria proibida de entrar; todas as mulheres poderiam ter suas opiniões sobre quase todo tipo de assunto rotuladas. Todavia eu ficava quase louca em saber disso. Indignada, queria poder gritar: "Isto é uma palhaçada! Estou usando esta coisa porque fui obrigada!". Olhei na direção dos homens influentes no salão masculino e soube que alguns deles teriam sido responsáveis pela prisão de alguns de meus amigos.

Aquilo tudo era uma farsa, e eu era uma fraude. Respirando fundo, caminhei diretamente até o salão masculino. Todos os homens ficaram em silêncio. Fui encarada com o mesmo aturdimento que se encararia alguém que tivesse repentinamente pulado em cima de uma mesa e começado a dançar com o chador erguido até a altura das coxas. Behnam, aborrecido, desculpou-se com o homem com o qual estivera conversando.

— Perdoe-me, *haji*, ela é a minha noiva. — Pegando meu braço, conduziu-me para fora do salão.

— O que, afinal, acha que está fazendo? Sabe o que significa reputação?

Behnam falou naquele tom falso de convicção afrontada que eu passara a detestar.

— Quero ir para casa. Não posso ficar aqui. Não posso fazer isto — falei, lutando contra as lágrimas.

Ele chamou um táxi para mim e retornou à festa para reparar sua reputação. Chorei durante todo o caminho até em casa. Achei, e acreditei, que não era possível que estivéssemos apaixonados — aliás, parecia que odiávamos um ao outro. E que dor senti!

Behnam me telefonou mais tarde naquela noite. Disse-lhe que precisava de um descanso, de tempo para pensar e, então, desliguei.

Capítulo 9

Encontrei um amigo na cela acima da minha. Seu nome é Ali Reza, e eu o conheço da universidade. Ouvi a voz dele chamando através da grade que recobre o ventilador no teto sem saber, no início, de quem era. Levei algum tempo, depois que ele me disse seu nome, para fazer a ligação. É bom ter alguém que conheço por perto, porém esse consolo tem suas limitações: duas pessoas impotentes não podem fazer pouco mais do que simpatizar uma com a outra, e entre todas as formas de alívio pelas quais uma pessoa possa ansiar na minha situação, simpatia é a menos proveitosa.

O que me atormenta mais fortemente do que qualquer outra coisa é pensar que a minha mãe ficou sem notícia alguma a meu respeito. Ali Reza não pode me ajudar a enviar uma mensagem aos meus pais; eu também não posso ajudá-lo de nenhuma maneira. Assim, tudo o que podemos fazer é concordar que chegamos a um lamentável estado em que a vontade de se queixar de um indivíduo logo se esgota. É com coisas mais práticas que preciso lidar nesta cela, e a necessidade de enviar uma mensagem ao mundo externo é meu principal anseio. Depois disso, a higiene ocupa um segundo plano em meus pensamentos, gostaria muito de estar limpa. Algo para ler também seria maravilhoso. Tenho o Alcorão, mas ele não satisfaz a minha sede de notícias do mundo. Uma cadeira para sentar seria uma bênção. Assim como um pente, uma caneta e papel.

Hoje, Ali Reza quer conversar sobre a minha festa de aniversário alguns meses atrás. Ele compareceu com a noiva, Atefeh. Estendida no chão da cela, ouço a voz de Ali Reza relembrando os detalhes da festa, preenchendo minha mente com lembranças de dança, riso, música e boa comida. Quanto mais Ali Reza relembra, mais me sinto desolada. Vejo tão distante aquela época de luz e alegria. Ele está tentando aliviar meu sofrimento com suas palavras? Eu deveria lhe ser grata, mas o que realmente quero lhe dizer é que se cale, é que faça o favor de se manter em silêncio sobre essa ocasião. Se eu estivesse caminhando rumo a um paredão onde um pelotão de fuzilamento me esperasse, talvez sentisse algum consolo em relembrar todos os períodos de descontração e liberdade da minha vida; talvez estivesse pronta, diante da morte certa, para fazer uma retrospectiva, para concordar que conheci muitas das melhores coisas da vida. Mas aqui nesta cela não consigo aceitar que minha vida terminou; não posso me contentar com uma retrospectiva, achar que a boa sorte acabou. As lembranças dos tempos felizes só fazem com que as paredes de concreto pareçam muito mais impenetráveis, que o ar da cela pareça muito mais parado e a alegria bem mais distante. Começo a soluçar, e Ali Reza pode me ouvir.

— O que há de errado, Zarah? Qual é o problema?
— Chega!
— O que quer dizer? Não somos amigos?
— Sim, somos amigos, mas chega, por favor!

Agora meus soluços estão fora de controle. O sofrimento, percebo, é um fardo e seu peso pode aumentar até o ponto em que as pernas de uma pessoa se dobram. Ali Reza, com todas as suas boas intenções, gentileza e preocupação comigo, só aumentou o fardo e, agora, meu sofrimento é completo. Oh, meu Deus, nunca tive força para atos heroicos, para políticas. Não faz parte de mim. Sou fraca e covarde. Deveria ter deixado os gritos de protesto nas ruas para outras pessoas, pessoas mais fortes. Odeio política. Odeio manifestações. Odeio tudo.

Ali Reza me deixou só com meus pensamentos. As lágrimas cessaram. Estou sentada no chão, não esperando por nada em absoluto, ou à espera de outro interrogatório, ou de nada, ou de outro interrogatório, ou de nada. Não me importa. Posso encarar os fatos agora. Sou irremediável, patética, uma criança enviada numa tarefa de adulto.

Uma das agentes penitenciárias grita através da pequena abertura na porta da cela:

— Hora do banho!

Ao som dessas palavras, cada partícula do meu sofrimento evapora. É como uma dádiva. Quase me sinto como se adorasse a agente que anunciou essa bênção.

Ela atira a venda para dentro, e eu salto para pegá-la e colocá-la. Sinto-me ridiculamente alegre. Esse será meu primeiro banho em uma semana.

— Você tem dez minutos. Lave sua roupa de baixo também. Deixe-a no corpo quando estiver tomando banho.

— Claro — respondo. — Obrigada. Obrigada.

Quando chego ao que imagino ser o chuveiro, a agente penitenciária empurra-me para a frente. Sinto uma superfície molhada sob os pés. Retirando a venda, encontro-me sobre um chão de cimento, debaixo de um cano rudimentar saindo da parede de tijolos de concreto. É um lugar tão desolador quanto qualquer outro em Evin; mas, para mim, tão enjoada do fedor do meu próprio corpo, é o paraíso.

Fecho a porta antes de remover a túnica da prisão e, então, dou um salto abruptamente, como se tivesse levado um choque elétrico, quando a agente penitenciária chuta a porta para abri-la.

— Quem lhe disse para fechar a porta? — grita ela. Encara-me como se sua repulsa fosse quase incontrolável; como se, a qualquer momento, pudesse perder a razão e me esmurrar. Pelo quê? Como, afinal, eu iria saber as regras da área do banho?

— Desculpe — gemo.

Abro o registro, e pouco mais que um fio de água morna verte do cano. Um pedaço bastante gasto de sabão verde Golnar (o mais barato que se pode comprar no Irã) encontra-se numa saliência, e eu começo a me esfregar imediatamente. Meus cortes e escoriações ardem terrivelmente, mas estou desesperada para limpá-los, para impedir que infeccionem. Molho os cabelos e tento lavá-los, porém a pouca água e a aspereza do sabão dificultam a formação de espuma. Meu cabelo é longo e farto. Em casa (casa!) minha mãe ou minha irmã me ajudavam a secá-lo e penteá-lo depois do banho. Às vezes — as melhores vezes de todas — meu pai o escovava para mim e me contava histórias sobre sua mãe e como o meu cabelo era igual ao dela. O luxo de suas escovadas vigorosas, regulares! Enquanto luto com o cabelo naquele cubículo mofento de banho, lembro-me da voz do meu pai entoando canções curdas para mim, envolvendo-me num casulo de encantamento e amor. Minha canção favorita era uma música folclórica curda sobre uma bonita garota de cabelos compridos:

Dançando com cabelos brilhantes, minha bela amada,
O sol está brilhando nos cabelos dela, minha bela amada,
Fico de coração partido quando ela prende os cabelos, minha bela amada...

Sussurro essa canção enquanto tomo banho, mas bem baixinho. Embora meu rosto esteja molhado, consigo sentir o contato especial das minhas lágrimas despertadas pela ideia de nunca mais ver meu pai.

— O tempo acabou! — grita a agente.

Ela atira a venda no chão ao meu lado. Enquanto me abaixo para pegá-la, vejo seu rosto de relance. Não é velha, no entanto a compleição gasta e a expressão severa fazem parecer que sim. Deve ter prática demais em passar o dia inteiro sem sorrir. Talvez tenha tanta pena de mim quanto eu dela. Talvez me julgue grotesca, feia, uma alma perdida. Enquanto amarro a venda, começo a me perguntar sobre ela, uma série de pensamentos rápidos, cada um durando uma fração de segundo: "Ela é mãe? Como são seus filhos? Ela odeia seu trabalho? Ela adora seu trabalho? Qual é o seu nome?" É como se a minha mente estivesse tentando saciar uma sede de interação social normal, curiosidade normal. "Ela se pergunta por que estou aqui? Acha que fiz algo horrível?" Ou talvez saiba por que estou aqui e ache que protestar contra o regime seja um crime terrível. Ou talvez simplesmente não se importe — não tenha opinião alguma sobre mim, eu nem sequer lhe passe pelos pensamentos.

Recebi uma túnica e roupa de baixo limpas depois de ter devolvido a roupa molhada. Sinto-me contente por ter tomado banho, por estar usando roupa limpa, mesmo que essa roupa seja o uniforme cinza, apagado, de Evin. Meu ânimo se renova. A agente penitenciária agarra meu braço com mais força do que o necessário, como se seu desprezo por mim tivesse aumentado com o fato de eu ter visto seu rosto de relance. Não me importo. Não a temo agora. Vi o rosto dela, o que faz uma grande diferença.

De volta à cela, meu bom humor se mantém. Qualquer pessoa na minha situação, em qualquer país que essa pessoa sofra, sob qualquer que seja o regime, com certeza luta para criar um refúgio, um canto seguro. Tenho certeza de que pessoas em circunstâncias bem mais terríveis do que a minha fazem exatamente isso. Anseiam pelo canto frio de uma cela fétida, por um buraco que um rato julgaria imundo demais para ficar, simplesmente porque, por um breve período, o corpo, a mente e a alma podem interagir, podem se reconfortar mutuamente. Minha cela tem dois metros de comprimento por um metro e meio de largura. A porta é de ferro. Não há janela. No teto de concreto uma lâmpada brilha sem cessar, de maneira enlouquecedora. Não há cama. É uma caverna feita pelo homem, bem pequena; mas, em momentos como este, eu a adoro. Posso reunir os fragmentos que formam quem sou, juntá-los de novo e me tornar uma pessoa novamente.

Meu estado de tolo contentamento é interrompido pelo ruído na pequena abertura da porta. A venda é jogada para dentro. Levantando-me do chão, coloco-a sobre os olhos. Estranhamente, permaneço alegre, mesmo quando o guarda abre a porta e me empurra pelo corredor. Estou assustada como sempre fico quando sou levada para um interrogatório, contudo o medo está sob controle. É possível que um banho tenha me devolvido autoestima o bastante para que eu tenha recobrado a coragem? A vida é assim tão simples? Talvez seja porque me apanho prestes a sorrir enquanto vou quase saltitando pelo corredor — sim, quase saltitando! — pensando com absoluta calma na possibilidade de ser morta hoje. Como me matariam? Atirariam na minha cabeça? Que o façam.

— Como você está hoje? — pergunto ao guarda.

— Continue caminhando e não fale! — ordena ele rispidamente.

Sua resposta desfaz minha convicção. Como era vazia! Não tinha raízes. Era uma fantasia. Quando vou parar de fazer isso? Quando vou parar de acreditar que as pessoas que se encarregam de mim aqui lá no fundo são boas, que responderão cordialmente a uma pergunta educada? Pergunto-me se estou mentalmente perturbada. É a minha criação, claro — minha religião. Ser boa e esperar que as pessoas sejam boas comigo. Ter bons pensamentos. A questão é: não me é possível aceitar o mal ao primeiro olhar. Talvez nem mesmo ao segundo, ao terceiro ou ao quarto olhar. Para alguém como eu, o mal tem de insistir e insistir em se manifestar, provar que existe repetidamente. Do contrário, entre um episódio e outro, eu o esqueço calamitosamente.

Quando recebo a ordem para parar de caminhar, estou tremendo de novo. Toda a firmeza em meu coração e estômago desaparece. A porta é aberta; sou empurrada para dentro. Por mais fraca e patética que tenha me sentido do lado de fora da porta, fico pior uma vez que estou novamente na sala de interrogatório. Um pintinho recém-saído da casca teria mais força e coragem do que sinto neste momento.

Ouço a porta se fechar. Passos se aproximam. É o interrogador gordo desta vez. Posso sentir seu fedor. Não emana apenas do hálito, mas do corpo também. Dou um passo hesitante à frente. O interrogador empurra-me de leve na direção da cadeira, presumo. Dou mais alguns passos, batendo o joelho na cadeira. Vou tateando até me sentar.

— Tomou um banho? — pergunta ele. — Você fedia da última vez.

Solta um riso, mais satisfeito do que nunca com seu senso de humor. Ocorre-me dizer algo do tipo: "Oh, o roto rindo do esfarrapado!" (Em farsi, temos outro ditado equivalente: "Duas panelas no fogo chamando uma à outra de cara preta"), mas consigo ficar de boca fechada.

O interrogador começa a circundar a sala à sua maneira lenta, atormentadora, aproximando-se mais de mim, afastando-se um pouco, tornando a se aproximar. Presumo que o motivo para usar esses truques de tortura, que são tão patéticos, é porque funcionam.

— Vai me contar o que Arash fez com você quando foi à casa dele? — diz ele, a boca próxima ao meu ouvido.

— Já falei a vocês antes — respondo e desvio o rosto de seu bafo fétido.

— Conte a mim outra vez.

— Somos amigos, amigos da universidade. Isso é tudo, juro.

Ele torna a soltar seu riso, ligeiramente rouco. Em seguida, diz que decidiu ajudar minha memória a funcionar. Anuncia que preparou uma lista de todas as coisas que "esqueci". Diz que vai deixar a folha de papel diante de mim na mesa e que devo assiná-la. Antes de ir, reitera que espera ver meu nome no papel quando voltar.

Quando o ouço deixar a sala, retiro a venda, piscando algumas vezes sob a luz branca ofuscante. Depois de lançar um olhar à porta fechada, inclino-me para a frente e, sem pegar a folha de papel, leio o que está escrito nela. É uma confissão, ou uma série de confissões. Usando clichês absurdos, o texto descreve uma relação sexual entre mim e Arash. Fala de ligações entre os meus amigos da Universidade de Teerã e unidades do Partido Comunista operando no Irã. Descreve o papel das "forças estrangeiras" no movimento de protesto estudantil. Afirma que estou plenamente ciente das atribuições desempenhadas no movimento estudantil pelos "grupos comunistas anti-iranianos e anti-islâmicos". Declara que Arash "abraçou o comunismo". Eu me sinto totalmente à parte do que está escrito no papel, como se tudo dissesse respeito a outra pessoa qualquer. É somente quando leio o texto rapidamente uma segunda vez que compreendendo completamente que é a mim que essas histórias se referem, que são as minhas supostas atitudes e crenças. A audácia das histórias me atordoa. O total descaramento das invenções me faz pensar nas mentiras fantásticas que as crianças às vezes contam aos pais ou professores — mentiras tão insólitas que os pais soltam gargalhadas.

O homem gordo acha sinceramente que alguém acreditaria nesse absurdo? As confissões me tornam uma espécie de Mata Hari — em parte espiã, em parte prostituta. Mas, então, a raiva começa a ebulir em meu íntimo. Por mais deploráveis que essas mentiras sejam, é essa folha de papel que o gordo, a polícia e os mulás pretendem esfregar na cara dos meus amigos e professores, talvez mostrá-la aos meus pais, talvez até publicá-la num jornal. Uma angustiante vergonha mescla-se à minha raiva, como se alguém tivesse entregado um trabalho malfeito, desleixado, com o meu nome ao professor da universidade que mais respeito. Quero gritar por uma janela para todos em Teerã: "Não fui eu! É uma farsa! Por favor, ninguém acredite numa palavra sequer disso!".

E, de fato, grito, mas não de uma janela. Grito freneticamente da cadeira na direção da porta.

— Isto não é a verdade! Não é a verdade! Não vou assinar isto, seu desgraçado!

Não há resposta por longos segundos. Há, então, a batida na porta destinada a me lembrar de que devo recolocar a venda. Mas não a coloco. O gordo entra na sala e, fulminando-me com o olhar, bate com força no meu rosto.

— Sua merda! Por que não está usando a venda?

— Porque quero ver o seu rosto nojento! — berro.

Ele torna a me esbofetear, com mais força. Agora está se movendo o mais depressa que toda a banha lhe permite, vasculhando a mesa à procura de algo. Voltando até mim, agarra meus braços por trás e amarra meus pulsos com algum tipo de cordão áspero.

— Asadi! — grita, chamando o guarda.

O guarda abre a porta rapidamente, olha para mim e, depois, para o gordo. Fica na soleira segurando a porta aberta enquanto o gordo sai. Tenho certeza de que provoquei algo terrível, que vou pagar caro pelos meus gritos de raiva. No entanto não sei exatamente de que modo. Só me resta gritar por socorro, como se houvesse alguém na prisão disposto ou capaz de interceder por mim.

O gordo está de volta. Segura uma tesoura, virada para cima e aberta.

Estou aflita de pavor. E como me arrependo da minha raiva! Imploro ao gordo que não faça o que quer que tenha em mente. São súplicas veementes, desesperadas como nunca fiz na vida. Ele não lhes dá a menor atenção, mas eu as repito rápida e histericamente, porque é o único esforço que posso empreender a meu favor, apesar de inútil. Ele arranca o lenço da minha cabeça, apanha grossos punhados dos meus cabelos longos e os corta com a tesoura. Grunhe enquanto corta e está mais ofegante do que nunca — a respiração irregular de um homem acometido de uma doença cardíaca. Viro a cabeça, tentando me desviar da tesoura, porém de nada adianta. Grito sem parar, feito uma criancinha num acesso de choro incontrolável, sem reserva alguma. Minhas violentas tentativas de me desviar da tesoura só resultam em machucados; as pontas das lâminas ferem meu couro cabeludo dolorosamente. A atitude do gordo é agressiva, intimidante, mas ele não está tentando me espetar com as pontas da tesoura; sou eu quem está causando isso. Enfim, paro de resistir, paro de me debater; permaneço sentada, emudecida pela humilhação.

Depois que todo o comprimento foi retirado do meu cabelo, o gordo começa a usar uma máquina de cortar, passando-a rente ao meu couro cabeludo. Com a cabeça baixa, posso ver por entre as grossas lágrimas as mechas do meu cabelo espalhadas pelo chão de cimento. Séculos se passam com o ruído da máquina de cortar zunindo em meus ouvidos e o que ainda restava de meu cabelo caindo no chão e se acumulando em minha nuca. A raspagem da cabeça leva a humilhação que estou sofrendo a um nível mais profundo, mais devastador. Sou como um animal nas mãos de um homem que poderia me tosquiar ou cortar minha garganta com igual indiferença.

Quando a tosquia finalmente termina, o gordo dá um passo para trás para estudar seu trabalho. Permaneço com a cabeça baixa. A coragem para erguer os olhos, para encarar esse homem e mostrar que manterei minha dignidade não importando o que ele faça — não, não possuo uma coragem desse tipo.

O guarda coloca a venda em meus olhos, desamarra minhas mãos e me faz levantar. Não tenho forças para mover as pernas, e o guarda tem de me carregar, arrastar e empurrar ao mesmo tempo de volta à cela. Jogo a venda pela abertura para ele e, então, afundo no chão. Minhas bochechas, o couro cabeludo e o pescoço têm cortes e esfoladuras que ardem intensamente. A exaustão e a dor, todavia, não são nem de longe uma preocupação tão grande para mim quanto a ausência do meu cabelo. Essas pessoas mudaram nada menos do que a própria aparência do meu ser.

Quando os passos do guarda se afastam, gemo, chamando o nome de Ali Reza. Ele responde, já sabendo que fui levada para a sala de interrogatório.

— Você está bem?

Talvez eu tenha pretendido lhe contar exatamente o que me aconteceu, mas, quando chega o momento, não quero lhe dizer nada.

— Sim, sim, estou bem.

— O que fizeram a você?
— Nada. Estou bem.
— Conte-me, por favor, o que aconteceu?
— Não aconteceu nada. Foi apenas mais um interrogatório.
— Bateram em você?
— Não. Está tudo certo.

Ali Reza desiste. Deve ser óbvio para ele que estou arrasada, mas provavelmente entende que não é algo que eu esteja preparada para lhe contar no momento. Não é por simpatia que anseio neste instante. Não quero ouvir a voz de um homem que nada pode fazer para aliviar meu sofrimento além de concordar comigo que o interrogador gordo é um abjeto espécime da raça humana. Onde está o consolo nisso? O que preciso é do meu pai, segurando minha cabeça junto a seu peito, acariciando-a. Mas não, não — odiaria que meu pai me visse deste jeito. Seria a pior coisa. Preciso de alguém que possa me dar algo ainda mais confortador — a chave da porta da minha cela, uma segunda chave da porta da prisão, um carro para me levar para algum lugar onde a polícia e os interrogadores jamais possam me encontrar. Contudo o que tenho de enfrentar é que milagres não acontecerão por causa de desejos, preces ou súplicas.

Meu corpo inteiro está coçando, a pele irritada por causa do cabelo cortado que caiu dentro da túnica de presidiária. Minha cabeça parece... estranha. Não por dentro — por fora. Quero meu cabelo de volta. Nada do que já me aconteceu na prisão me deixou tão abalada quanto o fato de ter tido a cabeça raspada. E sei que é futilidade. Sei que é algo que tem tudo que ver com a vaidade. Mas já fui bonita. Gostava de ser bonita. Então, o que é isto — uma oportunidade para formar o caráter? Uma chance para aceitar o quão superficial é ser bonita? Não quero essa oportunidade! Quero ser uma bonita garota persa, dedicada a seus estudos e sem nenhum envolvimento com política. Nenhum.

Capítulo 10

Muito do que as pessoas acreditam sobre o mundo para além de seu próprio país me parece produto da fadiga, em alguns casos, e da preguiça, em outros. No Irã da minha infância e adolescência, as pessoas acreditavam que os Estados Unidos eram uma terra de estrelas de cinema, fomentadores de guerra, refrigeradores de duas portas, carros grandes e praticamente mais nada. Eu acreditava no mesmo quando criança. Não me interessava o bastante para conhecer o retrato detalhado e, assim, contentei-me apenas com o esboço. E o que era a Inglaterra? O lar de uma velha senhora de ar bondoso a qual, diziam, governava a nação como rainha. E dos Beatles. Na França você encontraria a Torre Eiffel cercada de gente que comia rãs e lesmas. A Austrália era uma nação de campeões de natação e cangurus. Apenas estudantes e especialistas têm tempo e vontade para estudar retratos e, portanto, as pessoas não podem ser culpadas por sua ignorância. Toda a vida é dominada por exigências locais; e os indivíduos, por sua natureza, preocupam-se mais com sua vizinhança imediata do que com vizinhanças regionais e mundiais.

Teria sido perfeitamente desculpável da minha parte se eu tivesse achado que o meu país, sobre o qual tinha íntimo conhecimento, era único no mundo — como, de fato, é em certos aspectos. Teria sido desculpável se eu acreditasse que, no mundo inteiro, apenas o Irã sofria sob o jugo dos absurdamente dogmáticos mulás. Mas na época em que concluí o colegial e cursei o primeiro ano na Universidade de Teerã já havia estudado história o suficiente para saber que todos os países têm os seus mulás, que todos os países têm os seus dogmatistas e fanáticos, que todos os países, em alguma determinada época, trataram com pulso de ferro aqueles que questionaram, persuadiram, condenaram e criticaram. Não sabia sobre o governo de Joseph McCarthy no início do pós-guerra; não ouvira o termo "caça às bruxas" sendo usado metaforicamente. Porém sabia sobre outras "caças às bruxas", outros tiranos mesquinhos que detestavam imaginação, questionamento, curiosidade. Na universidade, estudei espanhol como matéria principal. Li a poesia de García Lorca, soube como ele morreu e em que circunstâncias. Lorca tornou-se o primeiro herói da minha vida adulta.

Meu primeiro herói de todos foi meu pai, e ele continua sendo um herói para mim: meu defensor em discussões de família, é claro, mas, mais importante do que isso, o homem que ficou no Irã para enfrentar o que quer que a Revolução Islâmica pudesse lhe causar quando poderia facilmente ter partido. Mas ter como herói o próprio pai é algo que elimina o complemento do romantismo. Lorca me foi apresentado nas aulas de espanhol no primeiro ano da universidade e, tão logo li sua poesia, soube que era o homem certo para mim. Não que eu quisesse fantasiar com um espanhol extremamente bonito (que, por acaso, era gay — não que eu soubesse disso), mas meu senso de justiça, que se desenvolvia cada vez mais, foi nutrido pela história (ao menos a versão breve, menos complicada) do comprometimento artístico e político dele.

Quando reflito sobre o processo psicológico que me levou às ruas para gritar e protestar, sempre volto à palavra "justiça". Como a maioria das crianças, cresci com um senso muito forte de justiça. O que ultraja mais uma criança do que ser acusada de algo que não fez? O que afronta mais uma criança do que ser exposta à possibilidade de que pessoas ruins quase sempre vençam? As histórias da minha infância, lidas para mim por meus pais, por meus professores, eram sobre pessoas boas que venciam no final. É a mesma coisa pelo mundo afora. Mais tarde aprendi que os bons não têm tudo à sua maneira; mais tarde ainda, no início da adolescência, que os maus geralmente têm tudo à sua maneira. Mas não é maravilhoso como a crença na justiça perdura?

Para muitos de meus conterrâneos persas, a justiça era Deus. Para mim, aos 19 anos, justiça era o direito de garotas como eu exercerem seus poderes, habilidades e talentos sem a interferência do clero. Meu conceito de salvação se achava, portanto, numa escala mais humana do que o dos mulás. Não estava interessada em fazer alegações cósmicas; queria ser livre para andar na rua com os cabelos ao vento. Queria ir ao cinema sozinha, caso desejasse. Queria fazer uma escolha de profissão a partir de uma lista tão extensa quanto a dos rapazes que eu conhecia. Desde o início, a política para mim era pessoal, mas não exclusiva. Nunca é, não é mesmo? A liberdade de andar na rua com os cabelos ao vento não teria significado nenhum se todas as garotas persas não pudessem fazer o mesmo. Não tem nada a ver com a criação de privilégios. Como a liberdade pode ser um privilégio?

Por que foi Lorca, entre os espanhóis que estudei, que me atraiu tanto? Por que não Dalí ou Buñuel? Acho que a ideia de liberdade de Dalí era simplesmente estranha demais para mim. Não tinha o menor desejo de me vestir com pele de cabra e cobrir meu corpo com esterco. O cineasta Buñuel trabalhava com imagens — cativantes, certamente —, no entanto eu não possuía a sofisticação intelectual necessária para localizar o argumento em Buñuel. Minha ideia de liberdade era muito simples, quase primitiva. Teorias políticas sobre história e classes eram examinadas pela minha mente. Mas um garoto obtuso qualquer no final da adolescência autorizado pelos mulás do meu país a me importunar quando meu lenço escorregava alguns centímetros para trás da testa, a me passar sermões, a fazer ameaças... bem, isso era intolerável. E havia garotos cabeças-duras por toda parte em Teerã em minha infância e adolescência: Basij, a milícia de cidadãos do regime, tipinhos inconvenientes, com ar de superioridade, metendo o bedelho em tudo, cheirando o hálito alheio à procura de sinais de álcool, espiando, cercando, disparando insultos.

Não tenho dúvida de que, assim como todo país tem seus mulás, todo país também suportou o reinado de seu próprio Basij. Acho que temos de aceitar o fato de que a grande maioria dos adolescentes são irremediáveis imbecis — e minhas desculpas às exceções. Dê-lhes o direito de perseguir alguém ou algum grupo, coloque uma arma em suas mãos, um chicote, uma vara, e lá vão eles, cheios de virtuosa determinação e estupidez. O Basij era a Juventude Nazista do Irã, e a Juventude Nazista da Alemanha, sem dúvida, teve seus precursores na Juventude Alguma Coisa de Algum Lugar e assim por diante, até Deus sabe lá quando no passado. Garotas podem ser cabeças-duras também; eu não posso negar isso — cabeças-duras e brutais. Porém, no Irã, o que mais se vê é a estupidez dos rapazes.

Lorca não era egomaníaco. Não era ideólogo. Era um poeta, e esse era seu grande atrativo:

> *Fechei minhas janelas*
> *Não quero ouvir o pranto*
> *Mas por trás das paredes cinzentas*
> *Nada se ouve a não ser o pranto*

> *Há uns poucos anjos que cantam*
> *Há uns poucos cães que ladram*
> *Mil violinos cabem na palma da mão*
> *Mas o pranto é um imenso anjo*
> *O pranto é um imenso cão*
> *O pranto é um imenso violino*
> *Lágrimas suprimem o vento*
> *Nada se ouve a não ser o pranto*

O que me impressionou nesse poema foi a sensibilidade de um homem, um poeta, capaz de realmente ouvir o pranto. Porque o pranto está em toda parte, e ninguém pode ouvi-lo. O pranto pode encher uma sala e não ser ouvido pelas pessoas ali sentadas conversando. Para ouvir o pranto, seus ouvidos têm de estar perfeitamente apurados para os sons da tristeza.

Em meu primeiro ano na Universidade de Teerã, minha classe apresentou uma versão da peça de Lorca, *Yerma*. Fizemos um bom trabalho. O embaixador da Espanha foi ao teatro da universidade para assistir à produção e nos parabenizou. Li tantos poemas e peças de Lorca quanto pude encontrar. Enquanto lia, sentia que crescia aquele senso de justiça de que falei. Não que as histórias fossem diagramas políticos; longe disso. Mas assimilei a sensibilidade da mente por trás das histórias e dos poemas: uma sensibilidade que criava imagens vívidas de luta, de aprisionamento da alma e de liberdade. A luta era por liberdade; era como eu a interpretava.

Acho que, na maioria, aqueles que um dia se veem gritando palavras de ordem contra os mulás de seu país encontram primeiro uma pessoa (geralmente um escritor) que os ajuda a definir o que significa, de fato, liberdade. Para muitos, essa pessoa será um teorista político — tal como Marx —, mas nem sempre. É bem possível encontrar um guia num poeta como

Omar Khayyam de Naishapur, ou em Sa'di, ou Hafiz — poetas que escreveram sobre tristeza, perda, a casual crueldade do cosmos, amor, desejo. Mesmo quando o assunto está encoberto, sempre tenho a sensação de que o verdadeiro tema da boa poesia é a liberdade. Nunca li um bom poema ou uma boa história que celebrassem a repressão e que se rejubilassem com o poder irrestrito dos mulás.

A liberdade da linguagem penetrou em meu coração anos antes de Lorca ter entrado em minha vida. Já gostara de ler na infância, contudo, na adolescência, esse gosto passou pela primeira de duas transformações e tornou-se um tipo de vício. Talvez tenha sido algo de caráter hormonal. Febres entram na corrente sanguínea das garotas na puberdade. Em outro país, talvez eu tivesse me tornado uma daquelas garotas em concertos de música pop que tremem, gritam, debulham-se em lágrimas e estendem os braços para os músicos no palco. Eu lia como se estivesse em transe — romances, revistas sobre filmes, jornais, livros sobre política. Fazia pouca distinção em relação a qualidade e mérito; podia ficar tão empolgada com um texto do meu livro de Filosofia do colegial quanto por uma imitação dele em propagandas de revistas. Cada superfície do meu quarto era tomada por palavras em papéis.

Minha mãe não gostava nem um pouco disso. Não tinha nada contra a leitura, mas dava a entender, pelo meu ar distraído, que meu vício poderia me deixar fora de forma e bitolada. Ela me lembrava que um dia eu seria uma mulher adulta e esposa e me perguntava que aspecto teria o meu lar se eu não fizesse mais nada além de ler. Para acalmá-la, obriguei-me a dedicar um pouco de tempo às tarefas de uma esposa persa prendada: costurava, bordava e ajudava a cozinhar. Dava todo o ar de uma moça pensando numa futura vida do lar e respectivos afazeres domésticos, mas era tudo uma farsa.

Eu era como uma pessoa viciada em heroína que aprende a aparentar que possui absoluto controle de si e é perfeitamente capaz de levar uma existência diária, enquanto está, na verdade, maquinando uma oportunidade de injetar loucura em suas veias. Certifiquei-me de que livros que a minha mãe aprovaria — livros sobre como cuidar de uma casa, agradar o marido, limpar tapetes e carpetes, preparar comida para um piquenique no parque, reconhecer os sinais de indisposições em bebês — estivessem sempre no alto da minha pilha de livros, ou que fossem esses volumes a estar com o dorso virado para a frente na minha estante. Mais escondidos ficavam os livros de Sadeq Hedayat e Djamal Zadeh, grandes heróis da literatura persa contemporânea, ambos romancistas e subversivos em relação à autoridade em sua política e em sua insistência em empregar prosa simples, clara. Minha mãe sabia sobre os livros de Hedayat e Zadeh, mas acreditava que eu os julgava menos importantes do que os livros que aprovava. Ou talvez apenas se sentisse tocada com meus esforços para aparentar isso. Afinal, uma pessoa que se desdobra para poupar a outra de medos e preocupações deve amá-la, não é mesmo? Não que minha mãe tivesse alguma dúvida quanto ao meu amor por ela.

Hedayat e Djamal Zadeh não assustavam tanto a minha mãe quanto Kafka e Sartre. Quando as obras desses autores apareceram em meu quarto, no final dos meus tempos de colegial, mamãe deixou claro que acreditava que eu corria sério risco de me transformar numa intelectual solteirona. Desesperou-se por minha causa, atirando as mãos para o alto e perguntando-se em voz alta se havia algum motivo especial para que ela, dentre todas as mães do Irã, tivesse tido uma filha que não sabia distinguir uma frigideira de uma panela. Entretanto eu não abandonara as aspirações de outras garotas da minha idade. Ainda sonhava com o amor de um bom homem, com o casamento e uma família. Ao mesmo tempo, os poetas, os romancistas e os filósofos que eu lia tão avidamente haviam criado um mundo mais complexo para eu habitar. Lia para aprender sobre a maneira como o mundo funcionava. Queria saber isso. Queria descortinar a irredutível verdade.

Aos 16 anos, minha experiência com a leitura passou por sua segunda transformação. Não era mais capaz de pensar em ler como algo "divertido". O prazer que a leitura me dava era de um novo tipo; não era a beleza das palavras que me empolgava agora (embora isso ainda acontecesse), mas seu significado. O modo como eu desfrutara a literatura até os 16 anos estivera relacionado ao amor — sentimentos fortes, sim, até veementemente fortes, mas abrandados por alegria, ternura. Minha nova maneira de apreciar livros era mais como uma paixão — perigosa, devoradora e, ainda que se pudesse morrer por ela, improvável que conduzisse à felicidade. Era como acordar numa manhã e descobrir que o céu não era mais azul, mas vermelho. Em vez de se preocupar com a perda do azul do céu, você simplesmente diz: "Sim, o céu deve ser vermelho e, de agora em diante, apenas o céu vermelho servirá para mim". Em alguma parte de seu íntimo, porém, o leitor que antes existia em você começa a lamentar isso, tenta avisá-lo de que você não deve dar as costas ao céu azul e à felicidade tão prontamente.

Mamãe começou a olhar para mim como se eu talvez precisasse de cuidados médicos.

O que estava acontecendo comigo era algo que acontece a adolescentes em todos os lugares, ou com a maior parte deles: as lições da leitura, das observações das pessoas e do mundo à minha volta, e as vozes persistentes em minha mente, coração e alma estavam lutando para se unir em torno de um objetivo que me levasse à vida adulta. Sei que o objetivo que muitos adolescentes em países ocidentais almejam não é assim tão complexo:

viva bem e aproveite cada dia. Todavia nesses mesmos países, em outras épocas — nos anos 1960, por exemplo —, o propósito era de menor interesse próprio. Quanto a mim, aquilo que eu ansiava ganhou perspectiva por meio de Lorca e, depois, Basij. Mas foi apenas quando vi minha prima no hospital em Teerã, com a maior parte do corpo queimado, que assimilei verdadeiramente uma sólida convicção sobre justiça.

A garota, minha prima, vivia num vilarejo no oeste do Irã. Era ainda muito jovem quando se casou com um homem de Teerã, tinha apenas 15 anos, cheia de entusiasmo com a expectativa de morar numa cidade grande. Depois de poucos meses de casada, ela se encharcou com gasolina e jogou um fósforo aceso nas roupas. Fui até o quarto dela para visitá-la no Hospital de Queimados e Traumatologia em Teerã. O cheiro de carne queimada era tão forte que tive de lutar para controlar a ânsia de vômito. Segundo os médicos, ela sofreu queimaduras em oitenta e cinco por cento do corpo. Os quinze por cento não queimados incluíam os lábios em torno dos dentes surpreendentemente brancos. Lembrei-me de seu sorriso maravilhoso naquelas ocasiões do passado quando a visitamos e à sua família na fazenda. Tinha sido uma menina tão feliz, risonha, sempre mostrando aqueles dentes brilhantes. Eu costumava pensar nela como uma daquelas pessoas para quem a alegria é um estado normal de ser.

Não havia muito o que dizer à minha prima. Os habituais e reconfortantes clichês que são ditos a um paciente estavam, obviamente, fora de cogitação: "Sare logo"; "Não se preocupe, você está em boas mãos". O tempo todo fiquei pensando no motivo. Se uma pessoa se encharca de gasolina e ateia fogo em si não está querendo pedir ajuda, está buscando a morte.

Algum tempo depois vi um documentário de Daryoush Mehjuie ambientado em Ilam, uma cidade no oeste do Irã, no qual relatava que cerca de dez garotas e jovens mulheres daquela cidade cometem suicídio a cada mês. Ilam não é a única; suicídios entre jovens mulheres são frequentes em todas as regiões do Irã. Porém o método escolhido pelas jovens de Ilam e da região ao redor dessa cidade — autossacrifício — é o que a difere das demais. Nos outros lugares do Irã, as jovens envenenam-se, afogam-se, enforcam-se ou saltam para a morte. O que o filme de Daryoush Mehjuie sugere é que um tipo de tradição macabra se desenvolveu entre as jovens infelizes da região que, de algum modo, optam pela autoincineração como o meio preferido de se acabar com a própria vida — como se cada suicídio desse tipo honrasse todas as outras vidas que se foram da mesma forma. Dessa maneira, uma espécie de irmandade é estabelecida. O autossacrifício torna-se uma bandeira de suicídio em série — cada vítima está praticamente dizendo: "Meu motivo é o mesmo daquela que foi antes de mim". Não há cogitação de assassinato nesses casos (ao contrário da Índia, onde inúmeras jovens são mortas dessa maneira por parentes). Na região oeste de Ilam e de Sunni, essas jovens escolheram a morte pelo fogo em vez da vida. Não sei de onde a tradição surgiu e por que é tão local. Pode ser algo primitivo, que remonta à adoração antiga e violenta do fogo nos tempos pagãos — adoração à qual o zoroastrismo deu uma expressão mais benéfica.

    Por que essas jovens se suicidam? Pelo que pude perceber no documentário, o motivo parece ser o insuportável desapontamento em se ter crescido com a cabeça cheia de sonhos e desejos e a terrível descoberta da impossibilidade de concretizá-los. Minha prima e eu costumávamos deitar na relva da fazenda de seu pai, e ela me perguntava como rapazes e moças em Teerã se conheciam e se tornavam amigos. Perguntou se eu já havia beijado um rapaz. Quis saber se eu concordava que Mehdi Mahdavi Kia, um jogador de futebol internacional nascido no

Irã, era bonito. Disse que adoraria vê-lo de perto um dia. Falou sobre amor, namoro, beijos e o jeito galante que talvez um dia encontrasse num pretendente tão bonito quanto Mehdi Mahdavi Kia. Sua imaginação fervilhava com ambição espiritual e anseio erótico.

Apesar de, agora, eu me sentir inclinada a dizer que as ambições da minha prima não eram nada realistas, tenho realmente o direito de dizer isso? O que ela almejava, afinal? Um palácio de ouro, felicidade eterna, o amor de um príncipe? Não. Ela só esperava ter o amor de um bom homem e a chance de expressar seu próprio amor. Isso não é pedir a Lua e as estrelas. Só que para muitas jovens no Irã, e de muitos outros países — muitos! — isso é pedir a Lua e as estrelas. O homem com quem uma jovem se casa, que provavelmente foi escolhido pelos pais, pode ser um estranho para ela na cerimônia de casamento, um estranho um mês depois, um estranho dez anos mais tarde, um estranho para sempre. Nem sempre é assim, é claro. Uma mulher pode ganhar na loteria. Muitos iranianos têm boas qualidades para oferecer a uma mulher. Eu mesma conheci muitos deles, em especial na universidade, às vezes no bazar de meu pai. Mas as chances de se ganhar nessa loteria são bem menores, com certeza, quando garotas e jovens mulheres de famílias pobres (em particular) são dadas em casamento a homens muito mais velhos ou a homens que não foram preparados, por sua criação e cultura, para dar a devida atenção a elas.

Há um ditado que teve sua origem na poesia de Byron: "O amor para uma mulher é a própria vida, para um homem é uma coisa à parte". O equivalente em farsi seria: "O amor da mulher é o voo de um pássaro; o do homem é o rugido de um leão". Quaisquer que tenham sido os anseios e esperanças dessas jovens mulheres, temo que, no momento em que a chama toca suas vestes, o amor para elas é o que Córdoba é para o viajante do poema de Lorca "Canção do cavaleiro":

> *Córdoba,*
> *Distante e sozinha.*
> *Pônei preto, lua grande,*
> *Azeitonas no meu alforje.*
> *Embora eu conheça essas estradas,*
> *Jamais chegarei a Córdoba.*
> *Através das planícies, através do vento,*
> *Pônei preto, lua vermelha, a morte me observando*
> *Das torres altas de Córdoba.*
> *Ai! Que estrada longa.*
> *Ai! Que pônei corajoso.*
> *Ai! Morte, você me tomará,*
> *Na estrada para Córdoba.*

A visão do corpo de minha prima todo envolto por bandagens brancas, exceto nos lábios e nos olhos, deixou-me tão furiosa que, quando vi o marido dela chorando no hospital, não soube se minha compaixão poderia vencer minha raiva.

— Você sabe o que aconteceu com a sua amiga? — perguntou-me ele, arrasado pela dor.

Se eu sabia o que acontecera com a minha amiga? Sim! Ela se casou quando era uma criança. Tornou-se esposa ainda criança. Foi objeto de lascívia quando ainda criança. Teve seus sonhos destruídos para sempre quando ainda criança. Teve a primavera da vida em si envenenada em sua fonte quando ainda criança. A alma foi roubada dela quando ainda criança. Mas eu podia dizer essas coisas ao marido dela? Não. Se ele fosse capaz de entender isso não teria se casado com essa criança, para começo de conversa. Assim, chorei com ele, a despeito da minha raiva e, depois, voltei ao quarto da minha prima. Mais uma vez, o cheiro de seu corpo queimado me nauseou.

Naquele dia em que visitei minha prima, eu também tomaria parte num jogo de basquetebol programado com meu time. O basquete era meu grande consolo físico para aplacar a confusão capaz de enlouquecer a minha mente. Como eu adorava jogar! Ah, a camaradagem das minhas colegas de equipe, a afeição que sentia por nossa treinadora e, sim, o desejo de vencer num campo onde se empregavam tantos esforços em busca da vitória — simples, prazerosa; ela era, ao menos, uma possibilidade! Assim, fui jogar basquete depois de ter ido ao hospital, esperando que o vigor do jogo apagasse a imagem da minha prima de meus pensamentos por algum tempo. Mas não foi assim. Entrei na quadra num estado de fúria. Não falei com ninguém, apenas gritei com minhas colegas sempre que perdia um passe ou elas erravam o passe para mim. Sima, nossa treinadora, tirou-me do jogo e não me deixou voltar à quadra até o final da partida.

Esperei que todos tivessem ido embora ou assim julguei. Então peguei a bola e corri de um lado para o outro da quadra repetidamente, atirando a bola na parede e gritando, soluçando. Quando, enfim, fiquei exausta demais para continuar, parei e troquei de roupa para ir embora. Foi aí que notei Sima sentada sozinha na arquibancada. Ela estivera me observando pacientemente. Não lhe disse nada — apenas peguei minha bolsa, deixei o ginásio e segui pelas ruas de Teerã.

Levou dez dias para minha prima morrer. Chorei convulsivamente por ela durante todos esses dez dias; contudo, quando soube de sua morte, suspirei aliviada e meus olhos permaneceram secos.

Capítulo 11

O interrogador me dá um cutucão na direção da cadeira. Sinto a beirada do assento junto à parte detrás das pernas. Ele empurra meus ombros para baixo, e sento pesadamente. É o primeiro interrogatório desde que a minha cabeça foi raspada. Estou mais ansiosa do que de costume, sem saber que outra humilhação pode se seguir a essa. É possível que exista uma lista de punições? Foi tudo planejado cientificamente? A lista poderia começar com agressão verbal e, então, ir progredindo até agressão física, raspagem da cabeça, abuso sexual — e mais o quê? Métodos mais antigos de tortura? O homem que irá me interrogar tem instrumentos à sua disposição? Se for o caso, eu lhe direi qualquer coisa que me perguntar. Já fiz esse acordo comigo mesma. Admiti que não tenho coragem ou convicção suficiente para suportar algo desse tipo. Já me perdoei por antecipação.

O interrogador não tem nada a dizer por algum tempo. Ele me deixa ficar sentada em silêncio. Não está andando à minha volta, como fez em outras ocasiões. Pelo que posso perceber, está simplesmente me observando de sua cadeira do outro lado da mesa. Ser apenas observada dessa maneira também é, obviamente, algo calculado para criar tensão. Cada nervo do meu corpo tenta me preparar para algo ruim — um tapa ou um soco, quem sabe —, mas é impossível preparar-me desse modo uma vez que não consigo ver nada. Estou começando a compreender a lógica que existe por trás de tudo que o interrogador faz. Isto em si é uma forma de paranoia. Não acredito em nenhuma ação inocente, em nenhum ato aleatório. Pelo que sei, ele pode estar sentado à minha frente pensando no que comeu no jantar, ou cutucando o nariz, ou mesmo desejando estar em algum outro lugar — talvez assistindo a uma novela na tevê, contando uma história para crianças, se é que sabe alguma. No entanto não posso deixar de atribuir um motivo para cada simples inovação em sua abordagem. É possível que eu até o considere mais inteligente do que realmente é.

— Que mãezinha insistente você tem! — exclama do nada.

A primeira coisa que noto é que esse homem não é o gordo, mas o outro — aquele cujo rosto não vi. Ele está falando da minha mãe. Enoja-me profundamente o fato de ele se sentir no direito de falar da minha mãe utilizando a palavra "mãezinha", algo, ao meu ver, tão familiar. É como se alguém que estivesse prestes a me violentar se referisse a esse abominável ato com a expressão "fazer amor".

— Minha mãe?

— Sim, sua mãezinha vem aqui todos os dias. Ela implora aos guardas no portão que lhe deem notícias sobre você. Nós lhe dissemos que nunca a vimos, que nunca ouvimos falar a seu respeito.

Penso em palavras que não posso proferir — "criatura vil, asquerosa" —, porém não é por medo de uma punição que fico calada, é porque é exatamente isso que ele quer que eu faça. Tento controlar a raiva. Posso ver com perfeita clareza em minha mente uma imagem da minha mãe, implorando no portão de Evin por notícias minhas: os olhos cheios de lágrimas, os lábios descorados como costumam ficar quando ela está muito ansiosa, o rosto bonito contorcido. E aqui está novamente a minha maldita ingenuidade, a minha estupidez. Aqui sentada, espero algo ruim, mas não me ocorre que eles irão usar o sofrimento da minha mãe como um instrumento de tortura. Afinal, um dia irei aprender que essas pessoas são capazes de qualquer coisa no mundo para causar dor no outro, que a maldade dessa gente não tem limite? O que precisa me acontecer para que eu enfie isso na cabeça? Será que eles terão de me degolar para que eu compreenda a dimensão de sua malevolência?

— Como ela sabe que estou aqui? — pergunto num tom manso.

Ele solta um riso breve, seco.

— Mas você não está aqui, está? Não há ninguém aqui. — Ele ri mais largamente, na certa por causa da expressão de aturdimento em meu rosto.

Meu ódio por ele, neste momento, é tão intenso que imagens de seu rosto passam por minha mente — um rosto que nunca vi. Vejo a cara de um babuíno e, depois, de um chacal. Vejo lábios com baba. Vejo tocos podres de dentes como pedras no deserto. Vejo olhos desprovidos de vergonha, como aqueles de alguma velha prostituta fazendo seu negócio nas ruas decadentes de Gonrok, no oeste de Teerã. É a isto que sou reduzida: ao melodrama, como se fosse uma princesa na caverna de um ogro.

— Preciso de algumas informações suas — anuncia o homem sem nenhuma ênfase especial, como se estivéssemos num escritório e houvesse apenas algum assunto corriqueiro a ser resolvido. Ele me faz uma série de perguntas, todas relacionadas aos recentes protestos estudantis na Universidade de Teerã dos quais tomei parte; protestos que se concentraram na dispensa e posterior aprisionamento de dois professores, um deles um dos meus favoritos, que ensinou uma versão da história do Irã que era inaceitável ao regime. O interrogador quer saber como descubro sobre as reuniões nas quais os protestos são organizados. Quem informa a mim e aos outros estudantes quando uma reunião vai acontecer? Temos senhas secretas? Em seguida, começa a fazer perguntas sobre as conversas nas reuniões.

Suas perguntas, agora, são detalhadíssimas. Parece saber exatamente o que é falado nas reuniões. Sabe quem as abre e quem dá sugestões no decorrer delas. Sabe quais são essas sugestões. Suas informações são tão precisas que, na verdade, não há necessidade alguma de me fazer nenhuma pergunta sobre o que ocorreu lá. Seu objetivo é o de me deixar saber que o que achei que fosse um segredo guardado por não mais do que quatro ou cinco pessoas não é um segredo em absoluto. Ele quer que eu me questione sobre quem pode ser o espião em nosso grupo. E é exatamente o que faço — pergunto-me quem é o espião. Ou é possível que outros membros do nosso grupo tenham sido apanhados e interrogados e que todos os detalhes que o algoz está falando agora tenham sido extraídos de um deles? Ainda enquanto ele me atormenta com suas questões, estudo imagens mentais de rostos. Foi ela? Foi ele? Nenhum deles diria nada, tenho certeza. Nenhum deles falaria, nem sob tortura. Mas isso é verdade? Eu mesma estou pronta para capitular se a dor ficar intensa demais. Por que devo acreditar que os outros sejam tão mais fortes do que eu?

— Ele pediu a você para cancelar as aulas? — indaga o homem.

— Quem?

— Aquele filho-da-puta que foi chutado da universidade. Ele mandou você fazer isso?

— Meu professor? — pergunto.

— Sim, o desgraçado que fez lavagem cerebral em todos vocês, o que estava ensinando merda a vocês. Esse.

— É você quem está falando merda, não ele — retruco. As palavras saíram da minha boca antes que eu pudesse contê-las. Numa fração de segundo me arrependo. Retirarei o que disse num instante se ele mandar.

Ouço a cadeira dele raspar no chão. Ele está em cima de mim, agarrando meu pescoço por trás. Sacode-me e me empurra para a frente em seguida. Perco o equilíbrio e, conforme caio da cadeira, bato o queixo na beirada da mesa, a pele se rompendo. Desabando no chão, sinto o sangue verter.

— Vagabunda! — exclama ele. — Você é quem fala merda, nada além de merda. É melhor aprender a ficar de boca fechada, burra.

É uma luta, contudo consigo me apoiar nos joelhos. Tateando o chão à procura da cadeira virada, endireito-a. Sento-me em seguida, esperando estar de frente para a mesa. Tocando o queixo, sinto o corte. O sangue escorre por entre meus dedos.

— Merda, merda, merda — praguejo por entre os dentes.

— Foi o que você aprendeu com ele? A ser uma cadela que só dificulta as coisas? Foi? Antes que eu fique com raiva, responda. Ele pediu a você que cancelasse as aulas?

— Não, não pediu!

— Como você informou a todos? Como todos sabiam que não haveria aula naquele dia?

— Não sei — respondo, angustiada. — Sugeri isso na reunião e todos concordaram. Mais nada.

— E como todos ficaram sabendo disso? Os estudantes que não estavam na reunião? Como poderiam saber?

— Eles apenas dizem uns aos outros. Nunca fazemos nenhum anúncio, nunca escrevemos nada. Apenas disseram uns aos outros. Isso foi tudo.

— Oh, é mesmo?

Estou prestes a responder "Sim" quando ele me esbofeteia. O ferimento no queixo se alarga, o sangue escorrendo por meu pescoço. Estou gemendo agora feito uma criança.

— Por favor, leve-me de volta para minha cela!

Ele não responde. Em vez disso, começa uma implacável série de perguntas — algumas são repetidas, outras novas. Quem está no comando? Quem organizou o cancelamento das aulas? Com que frequência eu me reunia com meus amigos? As perguntas chegam até a mim tão depressa que não consigo acompanhá-las.

Às vezes, quando acho que estou respondendo a uma pergunta, percebo que o interrogador já passou para a seguinte. Estou entrando num transe, incapaz de pensar com clareza sobre o que realmente fiz no protesto e do que estou sendo acusada. O que é verdade e o que é mentira formam um emaranhado em minha cabeça. Pior do que isso, tudo parece não ter importância alguma. Onde está minha convicção? Parei de acreditar? Nem sequer tenho um senso firme sobre mim mesma como ser humano. Tudo que meu corpo é capaz de recordar é a dor; minha mente é como um dispositivo rudimentar, primitivo, que não consegue registrar nada além de exaustão. Respondo "Sim" a tudo que ele me pergunta. Cancelei as aulas? Sim, cancelei as aulas. Recebi instruções para cancelar as aulas? Sim, recebi. Sim para tudo. Sim, sim, sim.

Então, em meio à névoa de dor e de autorrecriminação, aproxima-se um medo bem mais forte: de que o corte no queixo infeccione neste lugar imundo. Não receberei atendimento médico nenhum, não haverá aplicação de um antisséptico, o ferimento no queixo irá supurar, ficarei deformada e feia. Não serei mais uma bonita garota persa; as pessoas terão pena de mim, os rapazes me evitarão, jamais me casarei. Como minha vaidade é poderosa! Meu mundo está ruindo à minha volta e a única coisa em que consigo pensar é em meu rosto bonito!

— Posso ir ao banheiro, por favor? — pergunto, mas ele persiste em suas perguntas. Estou ficando zonza, como se o interrogador fosse um hipnotizador; não aquele que usa a repetição de uma imagem visual, mas a repetição de um som.

Continuo respondendo feito um autômato, perguntando-me por que ele se daria ao trabalho de acreditar em mim. Não pode ver que meu cérebro está confuso? Em meu estado de torpor, lembro da ocasião em que sofri um corte sério no braço direito quando criança, e o ferimento precisou de pontos. O médico disse, equivocadamente, que eu não conseguiria usar mais a mão direita, que teria de escrever com a esquerda. Meu pai estava viajando, e tanto minha mãe quanto eu soubemos como ele ficaria arrasado quando voltasse para casa e me visse ferida daquele jeito. Eu era seu xodó, sua favorita, sua princesa. E, de fato, quando voltou para casa, ele ficou transtornado com a ideia de eu estar ferida e desolada. Abraçou-me e afagou minhas costas longamente, murmurando palavras de amor e alento. Aqui estou sentada, à beira do completo esgotamento, aguentando-me da maneira bem limitada que posso ao recordar a ternura do meu pai, enquanto, ao mesmo tempo, deixo cair qualquer fachada que exibisse de sincera convicção. O que realmente quero do meu pai é que ele entre pela porta, que me pegue e diga de seu jeito mais autoritário: "Você deixará esta criança em paz de agora em diante. Não permitirei que você torne a lhe fazer mal. Não permitirei que lhe faça mais uma só pergunta que seja. Ela é a minha criança. Sou o pai dela".

Mais uma eternidade se passa antes que o interrogador chame o guarda. Estou sendo levada de volta à cela. Peço ao guarda para me deixar usar o banheiro no caminho. Lavo o queixo na pia, erguendo a venda para fazê-lo. Mas certifico-me de não olhar para o meu reflexo no espelho. Minha feiura poderia destruir o pouco de autoestima que ainda me resta.

De volta à solitária, sento-me pensando em Ali Reza na cela acima. E cogito o seguinte: "Ali Reza é o espião. Foi por essa razão que o colocaram na cela acima da minha. É por isso que vive me fazendo perguntas. É Ali Reza". Dirijo-me a ele mentalmente com as palavras mais duras em que consigo pensar. Eu o execro. Chamo-o de covarde, chacal. Ocorre-me, então, que é exatamente isso que o interrogador quer que eu pense. Quer que eu duvide de todos. Que área de recreação a minha mente é para essas pessoas, esses torturadores! Eles dispersam meus pensamentos e, em seguida, tornam a juntá-los de uma maneira que os diverte. Talvez Ali Reza esteja pensando o mesmo a meu respeito — que sou uma espiã. Talvez todos os membros do nosso grupo estejam duvidando uns dos outros.

Neste momento, estou contente que Ali Reza não esteja me chamando de sua solitária. Deve ter sido levado para interrogatório. Ou, se for o espião, deve estar dando relatos a seus senhores, recebendo instruções. Odeio a mim mesma por minha desconfiança, mas, agora que ela foi despertada, não consigo atenuá-la.

Tenho de dormir. É importante.

Tão logo fecho os olhos, ouço um gemido vindo da cela de Ali Reza. Tento ignorá-lo, mas ouço mais um. Finalmente, levanto-me e aproximo-me o máximo possível da grade do ventilador.

— Ali Reza, é você?

Não há resposta.

— É você, Ali Reza? Olá? Ali Reza?

— Quem diabo é Ali Reza? — responde uma voz. Não é a dele.

Mantenho-me em silêncio, perplexa. Poucos minutos atrás, eu não queria conversa com Ali Reza. Agora, sinto-me perdida com o fato de ele não estar onde deveria.

— Estou na cela abaixo — sussurro. — Quem é você? Por que está gemendo?

— Porque eu quero. O que você tem com isso?

Que homem mais rude! Quem, afinal, é ele?

— Acontece que enfrentei um longo interrogatório — disse a esse homem mal-educado. — Eu conseguiria dormir se você ficasse quieto.

— Então, durma. Não é da minha conta — responde ele.

— Não vou conseguir se você ficar gemendo!

— Gemo quanto eu bem entender — retruca ele. — A prisão não é para você, pai, não é mesmo?

— Pai? — Qual, afinal, é o problema desse boçal?

— Vadia de merda, não sei o que ela quer de mim — resmunga ele e continua resmungando.

Ouço com surpresa. Esse sujeito é um autêntico lunático, e, ainda assim, é estranhamente fascinante para mim. Ouço enquanto ele anda pela cela e me xinga sem parar, como se no intervalo de poucos segundos eu tivesse me tornado um fardo pesado demais à sua existência. E o que, em nome de Deus, aconteceu com Ali Reza? Seu desaparecimento confirma minhas dúvidas sobre ele? Ou deve acabar com elas?

— Ei, você — sussurro. — Quem quer que você seja, sou tão azarada quanto você, acredite. Por que não pode ser gentil? Prometo que nem sequer lhe direi mais olá, mas deve parar de gemer, está bem?

— O que você fez para ser interrogada? É do grupo de manifestantes? É uma comunista?

O homem parece não entender as regras da comunicação clandestina. Eleva a voz como se estivesse falando comigo do outro lado da rua.

— Não sei mais quem eu sou... talvez alguém como você.

— Está aqui também por causa de um cheque? — pergunta ele.

— Do que, afinal, está falando? Um cheque? Você se refere a cheques bancários?

— Não te interessa.

— Deus do céu, apenas vá dormir, está bem? E tem razão. Não me interessa.

Ele começa a gemer novamente. Parece que está chamando o nome de alguém, contudo não consigo entendê-lo bem. Estou cansada demais para continuar ouvindo. Deito-me debaixo do cobertor no chão e fecho os olhos.

— Leila! Vou matar você quando estiver livre! — berra ele.

Tapo os ouvidos para bloquear os berros dele e adormeço.

Quando acordo, ouço o louco chutando a porta de sua cela e gritando obscenidades destinadas aos líderes políticos do país — Khamenei, Rafsandjani, Khatami. É como se eles fossem seus inimigos pessoais em vez de seus desafetos políticos. Uma explosão como essa só pode ter um fim e, com toda certeza, em questão de segundos ouço os guardas avançando pelo corredor acima e abrindo a porta da cela abruptamente. Duvido que mais de um segundo tenha se passado entre a abertura da cela e o início do espancamento. Ouço o baque surdo de golpes desfechados um em seguida do outro, os gritos do louco, os grunhidos dos guardas. Não sei com o que estão lhe batendo — talvez com cassetetes, ou talvez com os próprios punhos. Encolhendo-me debaixo do cobertor, faço pressão com as palmas das mãos sobre os ouvidos. Não faz diferença. O espancamento parece interminável. Se não fosse pelos gritos e gemidos do louco, eu acharia que já estava morto. Meu Deus, ele não sabia que isso aconteceria?

Acho que uma meia hora se passou sem interrupção alguma nos sons do espancamento. Alguém pode sobreviver a isso? Estou tremendo da cabeça aos pés, feito uma criança impelida a assistir a um filme de horror.

Enfim, a porta da solitária acima é fechada. Por alguns minutos não ouço nada. Ele só pode estar morto; no mínimo inconsciente. Hesitante, sussurro:

— Você está vivo?

O louco começa a gemer, da exata maneira que esteve gemendo antes. Não responde quando repito a pergunta.

— Ei, senhor, está tudo bem? — torno a perguntar.

Sinto um tipo de histeria crescendo, como se os gemidos do louco tivessem me afetado.

— Vou chorar se você não parar! — exclamo.

O louco para. Mas tão logo ele fica em silêncio, soluços convulsivos escapam dos meus lábios. Não consigo parar. O medo me consome, mesclado ao anseio pelo toque protetor do meu pai. Deixo que o pranto doloroso me domine.

Capítulo 12

Eu estava na quarta série da Escola Primária Reza Zadeh, na área centro-sul de Teerã, quando um decreto banindo o uso de meias brancas nas escolas foi anunciado. O Irã acabava de emergir de sua guerra selvagem com o Iraque na época; e, como é o caso em quase todas as nações em tempos de guerra, aqueles que estão no poder definem e redefinem o que deve ser aceito como comportamento patriótico. Em essência, as regras resumiam-se ao seguinte: quanto mais irrefletida for a aceitação de um indivíduo das mais recentes provas de patriotismo, melhor para ele. Não havia nada de novo naquilo; fora do mesmo modo em Esparta durante a Guerra do Peloponeso. E existe, na verdade, uma lógica traiçoeira por trás das provas de patriotismo: aqueles que não obedecem acabam identificando a si próprios como subversivos e pode-se lidar com eles mais facilmente. No Chile, durante a brutal repressão contra a esquerda, adolescentes que usavam tênis eram identificados como simpatizantes da esquerda e, portanto, tornaram-se alvo dos esquadrões da morte que circulavam pelas ruas de Santiago. A regra do tênis não era nem sequer um decreto; assim mesmo, esperava-se que as pessoas soubessem que o uso de tênis era ofensivo ao governo.

No Irã, sob as normas dos mulás, tudo era (e continua sendo) politizado — até as cores do arco-íris. (Esse foi o argumento do excelente filme iraniano *Gabeh*, feito por Majlis Majlisi em

1994.) Não há como dizer quem do regime surgiu com a ideia de banir o uso de meias brancas pelas crianças na escola. Entretanto, um dia foi anunciado por nosso diretor que as crianças que usavam meias brancas na escola estavam zombando do sangue dos mártires que haviam dado suas vidas lutando contra os iraquianos. Não era como se branco fosse considerado uma cor particularmente alegre na cultura iraniana. A cultura de meu país fazia a mesma associação a esta cor como ocorria em inúmeras outras culturas, ou seja, o branco era associado a pureza, limpeza, virgindade. Assim, imagino que os devotados criadores de leis simplesmente acharam que o preto era a única cor que homenageava devidamente os mártires de guerra. O branco tornou-se, na ideia deles (estou só supondo), o novo rosa.

Quando o anúncio foi feito em uma reunião da escola, todas as crianças que usavam meias brancas naquele dia — e até aquelas que não tinham certeza disso — olharam para seus pés. Exclamações e gritos preencheram o ar. Nós, de meias brancas, ficamos horrorizados com o que havíamos feito. Tínhamos blasfemado! Insultáramos rapazes que haviam sangrado nos campos de batalha! Porém sabíamos que não havíamos pretendido fazer uma coisa dessas. Crianças disseram em tom de súplica às professoras que cuidavam de nós: "Senhorita, eu não sabia! Oh, por favor, não foi culpa minha!".

Dá para se ter uma ideia da histeria? Nenhuma criança da minha escola teve a intenção de insultar os "mártires"; jamais teríamos pensado em fazer uma coisa dessas. E, ainda assim, ali estávamos nós, tremendo de medo, o coração disparado, porque de algum modo, por causa de algum plano do demônio, fizeram com que parecêssemos não patriotas, impenitentes, anti-iranianos. O diretor teve de intervir depressa e nos assegurar de que o decreto só entraria em vigor a partir da data de seu anúncio, o que foi um tremendo alívio porque estava fora de cogitação, no Irã, que os testes de patriotismo vigorassem retroativamente.

Assim, voltamos para casa naquele dia e contamos aos nossos pais sobre o decreto das meias brancas. A reação dos pais certamente variaram nas diferentes casas. Na minha, andaram revirando um pouco os olhos. Meu pai, obviamente, ficou desgostoso. Ele era — e continua sendo — um bom muçulmano, mas faz objeção quando, em sua religião, são impostas convicções irracionais, como a questão das meias brancas. Para ele, o Islã é o grande consolo de um povo, não uma avalanche destrutiva de decretos insensatos. Minha mãe simplesmente assimilou a notícia e certificou-se de que eu tivesse boas e patrióticas meias de robusto preto para usar na escola a cada manhã.

É de se pensar que o medo que se alastrou feito fogo pela reunião da escola no dia do anúncio teria garantido que nenhuma criança nunca mais fosse para as aulas de meias brancas. Todavia, como acontece nesses casos, houve lapsos. Talvez alguns pais tivessem esquecido, ou talvez depois de algumas semanas as crianças houvessem começado a se perguntar se um decreto desses fora mesmo anunciado; quem sabe tudo não passara de um sonho? Bem, a escola levou o decreto a sério, e os infratores foram punidos com severidade. A sentença podia tomar a forma de punição física (administração da vara, exatamente como nas escolas públicas inglesas quando garotos arteiros cometiam "barbaridades" comparáveis a essa), mas a pena mais temida era a humilhação pública. Era dito aos transgressores que eles teriam de "prestar contas aos nossos mártires no pós-vida" — uma coisa aterradora para se ter na consciência.

Logo depois que o decreto entrou em vigor, comecei a me questionar apenas um pouquinho, ponderando se os mártires iriam realmente se sentir ofendidos com o uso de meias brancas. Afinal, estavam no paraíso. Eles deixariam quaisquer atividades maravilhosas que estivessem desfrutando no paraíso para chorar por causa de um aluno negligente? Minhas dúvidas, porém, foram facilmente aquietadas. O que eu queria fazer tanto ou mais que qualquer outra criança da escola era demonstrar minha habilidade para seguir regras com meticulosa atenção. Eu era a aluna exemplar, talvez a chefe de todos os alunos exemplares na Reza Zadeh, e queria que fosse de conhecimento geral que nenhuma outra criança, até em seu melhor dia, podia chegar perto de mim na exibição de comportamento irretocável.

Durante os dez dias da Celebração do Amanhecer, para se comemorar o período entre o retorno ao Irã de Ruhollah Khomeini, em 1979, e o nascimento da República Islâmica, cada classe teve de preparar um trabalho homenageando o Pai da Nação e sua grande realização. Cantamos hinos revolucionários, apresentamos nossas peças de aclamação e escrevemos histórias que identificavam os pecados da era Pahlevi. Embora não soubéssemos disso, éramos parte de uma congregação mundial de crianças, todas oferecendo nossos hinos de louvor para homenagear os messias autodenominados, ou a bandeira dos Estados Unidos, ou esta ou aquela batalha magnífica, esta ou aquela revolução gloriosa. E todas nós, crianças dessa congregação, tínhamos vilões a banir, um Goldstein para queimar em efígie.

As apresentações de todas as classes eram feitas de manhã, antes que as aulas normais começassem, sempre no pátio da escola. O aiatolá retornou ao Irã em fevereiro e, assim, os trabalhos tiveram de ser apresentados sob o frio e a umidade desse mês de inverno. Não nos queixávamos abertamente, contudo em cada coração habitava o desejo secreto de que o Pai da Nação tivesse esperado mais alguns meses para regressar à sua terra natal.

O triunfo da Revolução Islâmica não significava muito para mim, nem para nenhuma das crianças que eu conhecia. (Havia algumas louváveis exceções.) Mas a Celebração do Amanhecer, de fato, proveu uma maravilhosa oportunidade para que eu mostrasse quanto era inteligente e obediente. Escrevi artigos que criticavam os Pahlevi, embora meu pai certamente não os tivesse aprovado, uma vez que se manteve um tanto sentimental em relação ao xá. Nunca lhe mostrei meus textos por essa razão.

Quando entrei no colegial, continuava bastante ativa na demonstração da minha inteligência, aceitando de bom grado os elogios. O tempo todo, entretanto, a semente da dúvida que o decreto das meias brancas plantara em minha mente ia criando raízes sólidas. O senso de justiça pode sempre se beneficiar de um complementar senso de ridículo. Isso era bem confuso para mim aos 10 anos, mas aos 14 era jocoso. Minhas amigas e eu encontramos alívio do fardo de ouvir em solene silêncio bobagens supremas ao sussurrar o que julgávamos ser piadas extremamente inteligentes umas às outras. Não é, ao mesmo tempo, estranho e maravilhoso que indivíduos em países de todo o mundo que se veem obrigados a cheirar bandejas de estrume e dizer que são um deleite para o olfato tenham em seu íntimo o desejo de falar a verdade? Isso parece ter sido especialmente verdade por trás da Cortina de Ferro nos anos da hegemonia russa, e foi certamente verdade no Irã. Nós da garotada ridicularizávamos os que eram demasiadamente devotos entre nós — não, de fato, os pura e simplesmente devotos, mas os politicamente devotos. A satisfação de poder rir do risível, de ridicularizar o ridículo é algo que resguarda a integridade de um indivíduo quando todas as outras defesas são podadas. É claro que uma pessoa não pode passar a vida apenas fazendo troça dos pietistas políticos, isso seria ruim para a alma. Mas, em certos momentos, isso nos poupava da corrupção da crença imposta.

O medo enfraquece a convicção, obviamente; o preço de se dizer o que se pensa geralmente é caro demais. No entanto outro inimigo semelhante da convicção é o ego. Na época em que eu ridicularizava os pietistas políticos do regime, viajava de escola em escola na região de Teerã apresentando com os meus colegas de classe uma peça que eu escrevera em homenagem à

Revolução Islâmica — um exemplo de má-fé sartriana, se é que já existiu alguma. A peça foi considerada uma admirável obra de arte pelos professores mais conservadores, repleta de condenações aos Pahlevi e exortações "às pessoas" para manterem sempre os governantes do Estado em seus corações e preces. Foi uma experiência incrível ir de escola em escola e ser elogiada e aplaudida em cada uma, e não tive grande dificuldade em racionalizar minha hipocrisia. Se eu podia ouvir aplausos e ser recompensada com notas de ouro por desempenhar bobagens, então não estava sendo subversiva em relação ao regime de uma maneira particularmente esperta? Tendo a minha fatia do bolo e a comendo também? Esses eram meus argumentos para os meus pais; na verdade, para o meu pai. Eu tinha 16 anos nessa época — com idade o bastante para elaborar essas racionalizações, por certo, mas também com idade o bastante para aceitar que as racionalizações não eram tão diferentes daquelas que o próprio detestado regime empregava. Talvez eu tivesse argumentado comigo mesma até me ver desprovida de toda a verdadeira convicção, se não tivesse sido pelo exemplo dado por certos professores, especialmente a senhora Azimi.

A senhora Azimi não era nenhuma ativista política; entretanto, a seu modo quieto, era talvez mais eficaz em seu combate às mentiras e aos pietistas do regime do que um líder de rebeldes teria sido. Ela lecionava história. Essa é uma tarefa que, mesmo numa democracia com instituições aprovadas e uma tradição pluralista bem fundamentada, é acompanhada de dificuldades para qualquer indivíduo dotado de autêntica curiosidade intelectual e de paixão pela verdade. E lecionar história na República Islâmica era tarefa ainda mais árdua. Assim como os alunos do ensino fundamental e médio do Japão recebem uma versão do papel de sua nação na Segunda Guerra Mundial que maquia acontecimentos embaraçosos e inconvenientes (a tomada de Nanquim na China, por exemplo, e o assassinato de algumas centenas de milhares de civis chineses e coreanos), os livros didáticos da República Islâmica oferecem uma versão da história do Irã que enfatiza a visão e o papel do regime nos acontecimentos sem referência aos fatos, ou, ao menos, a relatos pré-acordados deles.

A senhora Azimi não partia para a batalha brandindo uma lança ou uma espada para lutar pela verdade, mas, quando a oportunidade surgia, ela fazia uso de outras armas para manter a objetividade: ela instigava, incitava, dava o ocasional empurrão. Só corria esses riscos quando era encorajada a fazê-lo pela curiosidade do aluno. Eu era curiosa, e alguns dos meus colegas de classe também. Pouco a pouco, ela ergueu uma cortina e nos permitiu ver um segundo drama extraoficial a fim de o compararmos com o oficial. Era emocionante. Eu fazia perguntas e recebia respostas. Não era a própria senhora Azimi que fornecia as respostas; era receosa demais para tanto. Em vez disso, permitia que eu tomasse emprestados livros que haviam sido publicados antes da revolução, difíceis de serem obtidos, nos quais tinha condições de encontrar as respostas eu mesma. Sei, é claro, que não existem "respostas" incontestáveis quando se trata de perguntas como: quem fez o que, quando, onde e por quê. Mas é possível a uma pessoa se ver mais atraída por interpretações de fatos nas quais uma maior complexidade de pensamento se evidencia.

Não posso dizer que li os livros da senhora Azimi com uma mente totalmente aberta e objetiva, porém, ao menos, não empreguei na tarefa a mentalidade de uma ideóloga. Acabei percebendo que tinha a inclinação de tomar o partido de pontos de vista que contradiziam aqueles em meus livros didáticos do colegial e tomava o cuidado de não trocar um ponto de vista ofuscado da história da minha nação por outro. Jamais afirmaria que tinha um dom que me dizia quando estava lendo a verdade, mas, como muitos outros estudantes de história conscienciosos, podia, ao menos, distinguir quando um relato de eventos era mais confiável do que outro. Nos livros didáticos do colegial, não se permitiam tempo e espaço para reflexão; todas as declarações eram categóricas. Nos livros da senhora Azimi, os autores davam aos leitores a oportunidade de discordar. Era animador ver provas oferecidas para apoiar um ponto de vista. Provas! Que conceito mais belo! E, novamente, como era animador ver a opinião alheia exposta. Era tido como certo por esses escritores que uma declaração de alguém com algo a ganhar por ser acreditado deveria ser submetida a exame. Era como se os escritores estivessem me dizendo: "Use seu cérebro; reflita sobre o que sabe da vida; seja cética, reconheça que a maioria das pessoas mentirá para obter vantagens; forme sua opinião a seu devido tempo".

Algo que notei repetidamente quando comparei relatos de fatos históricos foi a pura mesquinharia e má vontade das versões dos livros da escola. Um exemplo foi a história no livro didático sobre a disputa política no Irã no início da década de 1950, quando o primeiro-ministro da época, o doutor Mohammed Mossadegh, nacionalizou a indústria do petróleo iraniana. Mossadegh era amplamente admirado no Irã, mesmo depois da Revolução Islâmica, por ter feito oposição às companhias petrolíferas estrangeiras, em especial à British Petroleum — tanto que a data da nacionalização passou a ser homenageada anualmente com um feriado público, mesmo sob o governo de Pahlevi (que não era amigo de Mossadegh e quem, de fato, desnacionalizou a indústria do petróleo tão logo teve a chance). Cresci não com uma, mas com três versões dos fatos: a aceita pelo público em geral; a sancionada sob o reinado de Pahlevi; e a versão promovida pelo regime islâmico após 1979 e reiterada nos livros didáticos.

A versão publicamente aceita foi a de que o xá, agindo inteiramente de acordo com a vontade das companhias petrolíferas estrangeiras que o haviam colocado no trono em 1941, depois que os Aliados obrigaram seu pai, que era favorável ao Eixo, a abdicar em benefício do filho e ir para o exílio, havia feito conchavo com a CIA para depor o primeiro-ministro Mossadegh. Nessa versão, Pahlevi retribuiu aos americanos entregando à Standard Oil uma fatia de 40 por cento da indústria de petróleo desnacionalizada, devolvendo os restantes 60 por cento à British Petroleum. A versão de Pahlevi (aceita por meu pai e, pelo que pude ver, por todos que apoiavam o regime do xá) era a de que Mossadegh quase destruíra a indústria do petróleo agindo sem pensar nas realidades econômicas, tais como a dependência da nação da receita proveniente do petróleo, e que apenas a sábia intervenção do xá salvara a nação do desastre da falência. (Nesta versão, supõe-se que Mossadegh amava seu país, mas de uma maneira desorientada.) A versão do regime era a de que Mossadegh era um instrumento dos interesses britânicos de petróleo e pretendera devolver cem por cento da indústria petrolífera iraniana a eles, mas fora impedido pelo movimento golpista de Pahlevi, apoiado pela CIA, em 1953. Uma quarta versão — a que encontrei nos livros da senhora Azimi — reiterava a versão aceita pelo público, embora com ressalvas e advertências.

O que me surpreendeu foi que o regime tivesse achado necessário desacreditar Mossadegh, negar-lhe seu direito como inimigo dos Pahlevi e amigo da nação. Os Pahlevi eram inimigos tanto de Mossadegh quanto dos mulás, afinal. A oposição a interesses estrangeiros era exatamente o que o regime estava preparado para aplaudir. Se houve uma figura no Irã pré-revolucionário que o regime deveria ter tratado como célebre não teria sido Mossadegh? Mas, não. Quando as pessoas penduravam pôsteres de Mossadegh no Dia da Nacionalização, os paspalhos do regime os rasgavam ou pichavam. O regime odiava tanto Mossadegh que criou uma teoria bastante improvável para explicar por que ele se dera ao trabalho de nacionalizar a indústria do petróleo para começar.

Assim, fiquei intrigada com os motivos do regime e, pouco a pouco, encorajada pela senhora Azimi, consegui entender: o regime não podia aceitar que um partidário da secularização houvesse prestado um serviço à nação.

Na época em que li os livros da senhora Azimi, não tinha meios de saber que a estratégia do regime de escrever a história que mais lhe convinha era empregada por déspotas, tiranos, totalitaristas e líderes democraticamente eleitos no mundo inteiro. Não havia lido *O Zero e o Infinito*, com seu retrato da polícia brutal do regime soviético. Não havia estudado os julgamentos forjados na Alemanha nazista. Não me interessara o bastante pela história britânica para distinguir as ficções elaboradas em benefício próprio de sucessivos governos britânicos sobre a questão da Irlanda. Contudo podia perceber ao que a senhora Azimi estava chegando: para os poderosos, a verdade é negociável.

Uma vantagem anômala em ter sido educada numa escola de segundo grau iraniana foi a de que a Filosofia era (e é) uma matéria eletiva nos níveis mais superiores. Não havia problema se professores de Filosofia cultivassem hábitos críticos de pensamento, e as obras de grandes pensadores, de Aristóteles a Sartre, por esse motivo, permaneceram sem censura. Essa liberdade de questionamento explica-se em parte pela tradição persa e, em parte, pela filosofia que permeia o Islã. Os persas reverenciaram a filosofia e os filósofos desde os dias do Império Persa, sob o reinado de Dario I, e o Islã não é, por natureza, inimigo do pensamento audaz. Um competente acadêmico islâmico encontrará meios de acomodar o resultado inteiro de qualquer um dos grandes filósofos dentro da espaçosa edificação de sua fé. (Os não muçulmanos, especialmente os do Ocidente, em geral, não têm ciência da extraordinária flexibilidade do Islã.)

Havia uma terceira explicação para a liberdade concedida a professores de Filosofia: o regime julgava corretamente que a filosofia era inofensiva sem exemplos contemporâneos para ilustrar ou apoiar seu conteúdo, e todos os meios de ilustração eram sujeitos a vigilância e veto. Os professores podiam falar eternamente sobre o conceito de Aristóteles de virtude pública, mas não tinham permissão para apontar nada na sociedade à sua volta para elucidar a lição, tal como o capricho nada aristotélico de banir as meias brancas. De qualquer modo, o estudo da lógica e da análise, e o hábito de pensamento cético no qual meus professores de Filosofia insistiam, permitiram a mim e aos meus colegas tirarmos nossas próprias conclusões.

Mais tarde, na universidade, minha professora de Filosofia, a senhora Ebrahimi, adotou uma tática semelhante à da senhora Azimi a fim de se manter longe de problemas com a administração. Encorajou-nos a duvidar e a questionar, mas não podia participar de debates. Ela iniciava uma discussão e, em seguida, anunciava que pretendia sair da sala de aula. Quando retornasse, dizia, esperava encontrar todos sentados com um grande espaço entre nós, com expressões angelicais no rosto. Assim, ela saía e nós continuávamos a discussão. Quando voltava, ainda continuávamos sentados num grupo e discutindo com toda a paixão que adolescentes de 19 anos dão a esses debates. Na aula seguinte, a senhora Ebrahimi fazia o mesmo anúncio, que seria desconsiderado do mesmo jeito que na ocasião anterior. Quando me lembro dessas professoras maravilhosas, sinto-me gratificada com a pura astúcia que demonstravam em favor da verdade. Talvez seja dessa maneira que a verdade (isto é, qualquer verdade que tenhamos) tenha sobrevivido desde o princípio dos tempos: por meio da astúcia, da destreza e da pura bravata imaginativa de pessoas preparadas para mentir deslavadamente a fim de combater falsidades.

Capítulo 13

Embora não possa ter certeza, estou com a sensação de que é de manhã. Se acontecer de eu estar sentada na cela, imersa em devaneios, como geralmente acontece, acabo perdendo a noção de quando foi o último chamado para as orações. Foi há doze horas? Há dez minutos? Nem mesmo os horários das refeições servem para orientar, uma vez que a comida é a mesma, não importando a hora do dia: azeitonas e pão e, às vezes, uma pasta estranha, possivelmente contendo peixe ou carne.

Devo ter dormido; não que eu me lembre. Entretanto estou experimentando o familiar, lento, retorno da consciência que se segue ao despertar. A princípio, tudo em que consigo pensar é no intenso frio e desconforto que sinto. Levo a mão à cabeça para tocar o que restou do meu cabelo. Ao sentir os pêlos ásperos e curtos de encontro à palma, lágrimas afloram em meus olhos, mas também sou tomada pela raiva, apenas momentaneamente; não tenho força emocional para sustentá-la.

A venda é jogada para dentro da cela pelo pequeno vão. Isso significa que serei levada e interrogada novamente. Não consigo pensar para além do momento. Já deverei ter colocado a venda quando o guarda abrir a porta ou serei punida. Cobrindo a cabeça raspada com o lenço, coloco, então, a venda. Se é mesmo de manhã, será a primeira vez que os interrogatórios terão começado tão cedo. Pergunto-me se é um mau sinal — se é que existem bons sinais nesta prisão.

O nervosismo e o medo crescem rapidamente e, quando a porta é aberta, estou trêmula de paranoia. Como em muitas ocasiões anteriores, apanho-me murmurando algo que é tanto uma prece quanto, de uma maneira estranha, o oposto de uma prece. "Eles podem fazer qualquer coisa. Eles podem fazer qualquer coisa. Eles podem fazer qualquer coisa. Meu Deus, eles podem fazer qualquer coisa..."

O guarda agarra meu braço e me puxa para fora da solitária.

— Aonde está me levando? — pergunto, apesar de ser uma tola indagação; o guarda não estará disposto a me dar informação alguma e, de qualquer modo, aonde mais poderia estar me levando além da sala de interrogatório?

Acho que o que estou tentando lhe perguntar é se estou sendo levada para um lugar mais apavorante. Em meus estudos hispânicos, li sobre prisioneiros republicanos numa situação semelhante à minha lembrando sobre como era importante saber se estavam sendo levados para a execução. O fato de saber podia não fazer diferença alguma e, ainda assim, era algo vital. Essa é a sensação que tenho. Se vou levar um tiro na nuca, quero saber durante os poucos minutos que antecederem a isso. Quero dizer um adeus aos meus pais. E por que será? Meus pais jamais saberiam o que me aconteceu se eu fosse executada; ninguém lhes diria. Jamais saberiam que falei palavras amorosas. Assim como na ocasião do casamento, do funeral, da maioridade, as pessoas anseiam por um ritual para marcar esse que é o mais significativo de todos os acontecimentos, a derradeira despedida.

O guarda me empurra pelo corredor.

— Nada de falar — avisa-me.

Abruptamente, eu paro. Permaneço imóvel no que sei ser o corredor. Minhas pernas não se movem. De algum modo, meus sentidos me dizem que não estamos seguindo o caminho costumeiro até a sala de interrogatório. O guarda me empurra, todavia continuo imóvel. Um instinto animal me paralisou.

— Ande! — rosna ele.

— Aonde está me levando? Aonde?

— A um acolhedor café — debocha ele com um riso em forma de grunhido.

O mal-estar que toma conta de mim se intensifica, revirando meu estômago, oprimindo o peito.

— Por favor! Aonde está me levando?

Ele não responde. Apenas me dá um empurrão para a frente.

Digo a mim mesma "Não se mova, Zarah, não se mova!". O guarda, porém, atinge com força o meu ombro, e as pernas respondem instintivamente para evitar mais dor. Se eu me recusar a andar, ele me baterá; já fez isso antes. Ao mesmo tempo, sinto a força de meus membros se esvaindo. Instintos conflitantes lutam pelo direito de controlar meu corpo. O guarda agora está me arrastando, ou praticamente. Meus pés tentam acompanhar o movimento do corpo.

Paramos. Ouço o guarda abrir uma porta. Empurra-me para dentro do que presumo ser uma cela em alguma parte desta cidade em forma de prisão. Ele me faz sentar numa cadeira. Puxa-me os braços para trás da cadeira e começa a amarrar meus pulsos. O mesmo instinto tolo que me fizera parar no corredor me impele a lutar contra as cordas nos pulsos, mas o guarda não tem dificuldade em vencer minha resistência. É bem mais forte do que eu. Sinto-me como uma anã tentando enfrentar um gigante.

Ouço os passos do guarda no corredor. Ouço a porta se fechar. Fico completamente imóvel na cadeira, à espera do que quer que esteja para acontecer. Imagino a coisa mais terrível primeiro (estupro), depois coisas menos aterradoras em comparação (um espancamento, tortura). Percebo que minha mente está tentando me preparar. É inevitável. Uma vez que a força física é tão precária para me ajudar de algum modo, apenas minha mente pode fazê-lo. Mas de que me adianta imaginar tais coisas? De que maneira isso as tornará mais fáceis de serem suportadas?

Nada está acontecendo. A sala permanece em silêncio.

Tento me mover, mas não é possível. Até a cadeira está presa ao chão.

Deus do céu, o que eles estão planejando?

O único som que posso ouvir é o da minha respiração ofegante.

Duvido que estaria tão aterrorizada se tivesse sido levada para a sala habitual, para ser bombardeada de perguntas por qualquer um dos dois interrogadores a que estou acostumada. É loucura, no entanto começo a ansiar pela sala a que estou acostumada, pela violência com a qual já estou acostumada, pelo bafo fedorento do homem gordo que conheço e abomino. Mesmo sem que eu me desse conta, minha mente e meu corpo estiveram se preparando para o esperado. Todavia o inesperado lança todo o meu preparo por água abaixo.

Aguardo. Aguço a audição para identificar qualquer novo som. Flexiono todos os músculos que posso para aliviar a dor constante. O ato de simplesmente sentar-se pode ser agonizante.

Quanto tempo se passou desde que fui amarrada a esta cadeira? Uma hora talvez? Uma mente, qualquer mente, não pode suportar o nada por muito tempo. Com certeza, a minha não pode. Tento rezar, mas falar com Deus é inútil quando a mente anseia por uma experiência concreta. Cheiro o ar, o odor mofento de carpete molhado deixado para apodrecer. Fui colocada em algum depósito antigo? Este recinto foi escolhido por seu fedor em particular — o cheiro fétido que imaginamos que encontraríamos em criptas? Seria algo típico do senso de humor dos cretinos que dirigem este lugar?

As cordas em meus pulsos estão deixando minhas mãos dormentes. Abro-as e fecho o máximo que posso. Agora estou me dando conta de uma porção de pontos de desconforto por todo o corpo. Quero erguer os ombros e esticá-los, levantar as nádegas do assento da cadeira, erguer as pernas. E o que acontecerá se eu quiser fazer xixi?

A imobilidade está exercendo em meu cérebro o mesmo efeito que o som estridente de unhas correndo por uma lousa costuma provocar.

Passaram-se duas horas agora? Com certeza, foram duas horas. Vou dizer duas horas, porque deve ter sido todo esse tempo. Só pode ter sido. Talvez até mais. Talvez eu esteja calculando a menos. Podem ter sido três horas. Talvez três horas sejam o limite. Talvez o interrogador venha depois de três horas. Talvez me esbofeteie. Bem, que o faça. Que faça o que quiser. Que sopre seu bafo imundo em minhas narinas. Que me xingue, que me chame de prostituta, cadela, traidora, do que quiser. Eu direi: "Sim, sim, sou uma prostituta, a pior que você pode imaginar, e a pior cadela e a pior traidora! Sim, sim, sim!".

Não estou mais com medo. O tédio dissipou o medo. Penso em pessoas que suportaram o confinamento em solitárias por períodos muito longos — por meses ou até anos. De que tipo de mente essas pessoas precisam para vencer o tédio mortal? Devem possuir recursos extraordinários de caráter e convicção. Não sou como essas pessoas. Meus recursos são muito limitados. Por que eles não percebem, os interrogadores, que meus recursos são limitados? Por que não me submetem a um espancamento realmente sério, aniquilando meu espírito completamente e, então, obrigando-me a fazer o que quiserem? Porque farei. Sei que sim. Sei que não tenho a coragem de uma mártir. Quero gritar: "Idiotas! Sou apenas uma garota! Se tentassem, poderiam me destruir facilmente! Venham tentar!".

Uma suspeita toma forma em minha mente, no início lentamente: eles se esqueceram de mim. Não se lembram de onde estou. Talvez até estejam me procurando agora. Um guarda está dizendo ao outro: "Aquela garota estúpida, aquela Zarah sei lá o quê, onde foi que você a levou?".

— Há alguém aqui? — sussurro.

Não há resposta.

— Há alguém aqui? — repito.

Minhas costas começam a doer demais. Ressinto-me do fato de terem me esquecido. Sou uma prisioneira aqui! Mereço ser vigiada e guardada! Se não tenho outros direitos, ao menos tenho o direito de ser vigiada e guardada!

Aonde eles foram? Alguma catástrofe aconteceu do lado de fora da prisão, fazendo com que todos os guardas e interrogadores fugissem? Uma guerra nuclear ou algo assim?

A ideia de ter sido esquecida traz o medo de volta — o medo que o tédio destruíra. Ou não, este é um medo novo — o medo de ser considerada irrelevante, completamente sem importância, indigna do esforço de torturar.

Meu pescoço dói insuportavelmente.

— Ei, há alguém aqui? Pelo amor de Deus, estou aqui, nesta sala!

Não ouso gritar muito alto.

Tento me recompor, recuperar o equilíbrio mental. Digo a mim mesma: "Tudo o que você está fazendo é ficar sentada numa cadeira por algumas horas. Grande coisa! Qualquer um pode fazer isso!".

Penso no exame de admissão da universidade, um ano atrás. O exame levou quatro horas. Foi um pesadelo. Cada músculo do meu corpo doía. Mas sobrevivi.

— Acalme-se, Zarah, tola Zarah — digo em voz alta a mim mesma.

Em vez de ter pensamentos que me acalmem, começo a resmungar insultos rancorosos para os torturadores invisíveis.

— Que tipo de torturadores são vocês? Nada de surras, de tortura, apenas deixar uma pessoa sentada numa cadeira? Nem sequer sabem fazer o serviço de vocês? Um trabalho simples como esse, provavelmente o único que vocês, babacas, sabem fazer e, mesmo assim, falham?

Digo esses insultos repetidamente, acrescentando mais detalhes a cada vez. Percebo que estou beirando a loucura, mas não consigo me conter. De repente, estou gritando a plenos pulmões, ira, medo e ultraje saindo dos meus lábios numa enxurrada:

— Estou aqui, seu idiota! Você, seja lá como se chama, estou aqui! Por que não entra? Tenho coisas a dizer! Você não sabe sequer um pouquinho do que eu fiz! Fiz coisas horríveis, horríveis! Entrem, seus estúpidos, seus desgraçados!

A porta se abre de imediato. Sou tomada instantaneamente por uma satisfação insana. Fiz algo acontecer! Mas antes que pudesse compreender mais alguma coisa, sinto uma fita adesiva sendo grudada sobre a minha boca. Dedos firmam a fita no lugar, de ponta a ponta do meu maxilar. A porta é, então, novamente fechada.

Em meus ouvidos ressoa a respiração que entra e sai por minhas narinas. Sinto o peito arfar com o esforço de obter ar o bastante para viver. Num estado normal, de relaxamento, a respiração pelas narinas é o suficiente. Num estado de agitação e terror, a remoção absoluta da opção de se respirar pela boca é fisicamente traumatizante. São necessários longos minutos até que a minha respiração esteja novamente sob controle. Lágrimas de frustração enchem meus olhos por trás da venda. Oh, que Zarah brilhante! Você não pode ver, não pode se mover, a agora encontra um jeito de ficar muda e de deixar a respiração dez vezes mais difícil! E adivinhe só, idiota! Quando eles retirarem essa fita adesiva, seus lábios sairão junto com ela! Idiota, idiota, idiota!

Estou tão cansada agora. As dores e pontadas em meu corpo se espalharam por toda parte. Cada músculo, centenas deles, suplica por alívio. Pior do que a dor nos músculos é o silêncio. Tento fazer um ruído batendo o pé no chão, mas não há nenhum.

Ou o chão é feito de algo que abafa o som, ou não tenho forças nos tornozelos para produzir impulso o bastante. Tento outra vez. Estou bem desesperada agora. Qualquer ruído seria como uma grande dose de analgésicos. Todavia não consigo fazer o menor ruído — nada. As lágrimas estão empoçando em meus olhos.

Tornou-se impossível avaliar há quanto tempo estou sentada aqui. Partes do meu cérebro e corpo parecem estar sumindo. Posso sentir os espaços vazios.

Dei-me conta, de repente, de que estou com fome e, agora, é a fome que se tornou meu maior tormento. Parece que faz tanto tempo que senti comida na boca. Pensar no gosto de comida me dá ânsia de vômito, por algum motivo que não consigo entender. É o fato de desejar tanto comida que está me deixando nauseada? Tento reprimir a vontade de vomitar, mas ela ganha força, até que não posso mais contê-la. Minha boca se enche de vômito, porém não posso lançá-lo para fora. Mal consigo respirar agora. Tento engolir o vômito, mas ele volta e volta. Tento expelir o vômito pelo nariz, e a minha cabeça fica zonza com o fedor. Tento outra vez, mas é inútil.

Estou acordada, ainda na cadeira. Estou encharcada e congelando de frio.

Devem ter jogado um balde de água em cima de mim. Devo ter desmaiado. Sinto fios de água escorrendo pelas costas.

Com o passar do tempo, a única coisa que espero é que um fim chegue. Não me refiro à morte — apenas um fim para o que o meu corpo, tanto por dentro quanto por fora, e a minha mente estão sofrendo. Estou me apegando o máximo que posso à ideia de que as coisas têm fim. Sei agora que eles não se esqueceram de mim. Sei agora que o que julguei negligência é, na verdade, uma forma de tortura. Isto é tudo o que eles têm em mente para mim hoje: a tortura de ficar sentada sem fazer nada. Ela terá um fim. Eles não pretendem, tenho certeza, fazer com que eu fique sentada aqui até que eu morra de fome, de sede ou de exaustão. Pelo que sei, pode até ser uma experiência. Talvez estejam fazendo apostas para ver quanto tempo aguentarei antes de tornar a desmaiar. É algo que se encaixaria na mentalidade deles. São torturadores, e gostam de tornar seu trabalho o mais divertido possível.

A dor no corpo me faz gemer, no entanto o gemido que sai de mim é chocante. Não é o gemido profundo, angustiado de uma mulher, mas o de uma criancinha, quase o de um bebê — um débil e pequenino som. Sinto-me como uma personagem de um filme bobo de terror; como o fantasma de uma criança. Mas é assustador do mesmo jeito. Essa é toda a força que restou em mim?

O tempo está passando como o tempo no espaço infinito. Tempo que passa, passa e não significa nada. Tempo que nunca é registrado no mostrador de um relógio. Tempo vazio.

E agora, o que acontece?

Estou sendo arrastada. Sinto quatro mãos em mim, duas em cada braço. Devo ter desmaiado outra vez. A sensação do meu corpo sobre a superfície dura abaixo de mim é estranha. Estou me movendo, e não sou eu que estou causando o movimento. É tão estranho! A fita adesiva fora retirada, e minha boca está escancarada. Sinto o cheiro de vômito e também o cheiro mais acentuado de sangue.

Param de me arrastar. Ouço a porta de uma cela sendo aberta. É a minha cela? A alegria começa a me invadir. Expande-se até o meu peito. Pode ser a minha cela. Pode ser para onde estiveram me arrastando, para a minha cela, meu lar. Agora, enquanto sou arrastada um pouco mais, largada e a porta é fechada, tenho certeza. A alegria é imensa.

Retirando a venda, atiro-a pela pequena abertura na porta. A beleza de enxergar! Como é maravilhoso! E houve um fim! Esperei e um fim chegou. Meu Deus, obrigada pelos fins!

O homem esquisito na cela de cima para de gemer.

— Você ainda está viva? — pergunta.

— S-sim — respondo naquele fio de voz assustador e infantil.

— Passaram-se doze horas e nove minutos desde que levaram você — anuncia ele e começa a soltar risinhos. Ri por apenas um minuto. Agora está gemendo outra vez por Leila. — Vou matar você, Leila! Deus é testemunha! Vou matar você!

Uma bandeja com comida é empurrada por baixo da porta. Sinto o cheiro de onde estou deitada no cobertor. Está apenas a um metro de distância de mim, mas um metro é muito longe. Não consigo me mover por uma distância tão grande. É longe, longe demais. Porém o cheiro de comida — coisa bastante comum, apenas gororoba de prisão — é incrivelmente atraente. Obrigo meu corpo a fazer coisas que não quer; faço com que músculos e ossos se movam pelo chão de cimento. Tento pegar a colher, mas as mãos ainda estão tão dormentes que o talher lhes escapa. Faço nova tentativa de segurar a colher, em vão outra vez. Meus pulsos e mãos exibem um estranho tom azulado, não têm em absoluto a coloração normal de pele humana. É impossível imaginar que minhas mãos voltarão a ter uma cor normal. Faço um esforço muito concentrado para segurar a colher e, desta vez, consigo. Levo a comida à boca — comida horrível, arroz azedo com um molho que fede feito uma lata de lixo aberta. Oh, mas seu sabor! Seu divino sabor!

Acordo de manhã ao som do Azan, o chamado matinal para as orações em árabe. A primeira coisa que surge em minha mente é uma imagem de crianças de 6 anos, muitas, sentadas diante de mim na minha antiga classe do primário. Vejo a mim mesma nessa imagem também — embora, na época, isso não teria sido possível. E o que estou fazendo? Por que estou lá parada diante da classe, parecendo tão emburrada e ressentida? Nunca fui uma criança emburrada; qual é o problema comigo?

Transporto-me de volta àquele tempo, luto para compreender e, então, de repente, a lembrança penetra no meu consciente. Isso foi uma punição! Eu estivera zombando do Azan, ou, mais corretamente, zombando do árabe. Todas nós, crianças, zombávamos do árabe. Odiávamos aprendê-lo, odiávamos falá-lo e achávamos antipatriótico usar o idioma dos estúpidos árabes. No meu lar zoroástrico, o árabe era considerado com particular desprezo, pois era a língua daqueles que dominaram a Pérsia e obrigaram seu povo a ficar de joelhos 800 anos atrás. O ressentimento dessa invasão e da subjugação passou de geração em geração durante todo esse tempo. E eu devo ter sido a mais barulhenta em meus protestos, pois, nesta minha lembrança, estou sendo forçada a cantar o chamado para as preces, alto e bom som. Assim, lá estou eu, odiando o que estou prestes a fazer, mas faço-o assim mesmo. Jogo a cabeça para trás e canto alto o Azan:

> *Venham, fiéis,*
> *Curvem-se diante de Alá e o louvem*
> *Louvem o Criador do Mundo*
> *Louvem o Pai do Profeta*
> *Venham, fiéis,*
> *Curvem-se diante de Alá e o louvem*

Sento-me, correndo os dedos pela cabeça raspada e coçando o pescoço. Uso os dedos como uma caneta, escrevendo mensagens para mim mesma, ou mais especificamente apenas meu nome no couro cabeludo. Como devo estar feia agora! Que aberração para as pessoas verem! Oh, o interrogador soube exatamente o que estava fazendo quando me deixou feia deste jeito. Notou minha vaidade. Viu quanto da minha autoestima eu investia para me manter como uma princesa persa do passado. E o que penso agora? "Roube minha aparência, desgraçado! O que me importa? Que bem me faz parecer bonita aqui? Que bem parecer bonito faz a alguém?" Oh, mas isso é ingenuidade. Faz muito bem às pessoas, sim. Mas não em uma situação decisiva e não quando tudo com que um indivíduo espera contar a vida inteira está em perigo, como sua alma e a influência dela sobre ele. Oh, mas mesmo assim eu gostaria de ter meu cabelo de volta!

Acima, o homem misterioso geme sua eterna queixa.

— Leila! Leila, sua puta! Sua puta do mal!

— Ei! — digo a ele. — A Leila era bonita?

Ele para de gemer. Deve estar pensando.

— Sim — responde. — Mas era prostituta.

— Tinha cabelo comprido?

Ouço o homem misterioso respirando fundo.

— Tinha, comprido e preto, mas era uma puta.

— Onde você a conheceu? — Já lhe fiz essa pergunta antes, às vezes distraidamente, às vezes movida por verdadeira curiosidade, às vezes só para fazê-lo calar a boca. Ele sempre responde: "Não é da sua maldita conta!".

Aguardo, enquanto ele pensa na resposta. Não está com a menor pressa.

— Não é da sua maldita conta! — grita.

Por que me dou ao trabalho?

— Ei, ouça — digo-lhe. — Está mesmo aqui por causa de dinheiro? Conte-me a verdade!

O homem não responde. Começa a gemer outra vez o nome da mulher que ama e odeia: a puta, a prostituta, Leila.

"Bem, não conte nada, então", penso. Por que devo me importar? Mas, para ser franca, gostaria mesmo de saber mais sobre essa Leila.

Levo a mão ao couro cabeludo, correndo os dedos sobre os pelos eriçados. Escrevo meu nome em letras maiúsculas pela cabeça raspada, da ponta de uma orelha à ponta da outra, repetidamente:

        ZARAH
        ZARAH
        ZARAH

Capítulo 14

O idioma da minha mãe é o farsi, ou persa, a língua antiga da Pérsia e ainda a oficial do Irã. Agradeço a Deus por isso. Com um pouco mais de azar, eu e meus compatriotas poderíamos estar falando árabe, e o farsi poderia ter se tornado uma língua morta, como o latim.

Todos acreditam que sua língua nativa é a língua falada pelos anjos no paraíso. É como deveria ser. Mas o persa, farsi, ainda mais do que os outros idiomas, é verdadeiramente a primeira escolha dos anjos. É claro que meu sentimento em relação à minha língua nativa está intimamente ligado ao meu amor por meu país. O farsi combina com os persas. É fruto da sensibilidade persa. Já falei sobre as características persas em relação ao amor e ao namoro, mas não mencionei o mais adorável aspecto em relação ao idioma: é a língua dos mentirosos. Não dos mentirosos frios e calculistas — não é ao que me refiro; não de mentirosos que usam a língua como um ladrão usa as mãos. Não, eu me refiro àqueles que sonham; àqueles que contam histórias a si mesmos e acreditam nelas graças à beleza com que são contadas; àqueles que usam palavras para fazer rosas desabrochar no deserto, onde o sol queimou o solo, deixando-o negro e avermelhado.

O farsi é generoso com os que não são práticos, com os incorrigíveis e os indefesos; com poetas e loucos. Lança fios frágeis que se curvam em torno do que quer que eles possam alcançar, do que quer que os apoie durante certo tempo. Ele tira seu sustento das raízes que se arraigaram durante milhares de anos; raízes que se entrelaçam nos ossos de Dario I e dos poetas de sua corte; que permeiam as lembranças nostálgicas de dançarinas que pintavam acentuadamente os olhos, perfumavam os cabelos e faziam a pele brilhar com óleos aromáticos. Não é a língua dos curtos e grossos, dos moralmente destemidos. Você consegue obter uma resposta direta de um persa? Não, não é possível porque, a caminho de fornecê-la, o persa subitamente se dá conta de uma centena de rotas mais fascinantes até a resposta e, antes que perceba, um simples "sim" ou "não" tornou-se uma aventura que requer mil palavras para ser contada.

Foi a minha professora de literatura, a senhora Mohammadi, que me ajudou a me apaixonar pelo farsi. Antes de conhecê-la, nunca pensara que a minha língua nativa era especial. Eu a falava, sim; ela me ajudava a ir de A a B numa estrada com muitas voltas. Mas sua beleza estava escondida de mim. A senhora Mohammadi mergulhara tanto no idioma que fazia aflorar sua cor e brilho.

— Ouçam — dizia e começava a ler um dos prefácios de Sa'di do *Golestan*, ou *Jardim das Rosas*, uma famosa sequência de poemas:

> *Lembro que, em minha juventude, passava por uma rua quando notei uma beldade com a resplandecência da lua em sua face. Era o auge do verão, quando o forte calor seca a umidade da boca e o vento escaldante ferve o tutano nos ossos. Pela fraqueza da natureza, não consegui aguentar a intensidade do sol do dia e fui forçado a me abrigar à sombra de uma parede, esperando do fundo do coração que algum bondoso estranho que passasse aliviasse a sede cruel que eu sentia e aplacasse as chamas que me consumiam com o bálsamo da água. Repentinamente, do alpendre sombreado de uma casa, vi uma forma brilhante surgir, de*

tamanha beleza que nem a maior eloquência seria capaz de lhe fazer jus. Ela se aproximou feito o amanhecer que ergue o manto da noite, ou como o elixir da vida brotando da terra seca. Ela segurava na mão uma caneca de água na qual misturara açúcar e suco de uvas. A água era perfumada com a fragrância de pétalas de rosas, a menos que tenha sido apenas o fato de eu tê-la recebido de sua mão e, por um momento, tenha inalado o aroma de sua pele. Em suma, peguei a caneca de sua bela mão, tomei seu conteúdo e ganhei nova vida. Ah, mas a sede do meu coração não pode ser saciada com uma caneca de água, nem que eu bebesse rios ela se abrandaria o mínimo que fosse.

Em farsi, o desabrochar da revelação do amor é muito mais pronunciado. É quase como se o farsi existisse para esse propósito, para levar ao coração do leitor uma vez e para sempre a sensação de água fresca tocando a língua seca; do amor alcançando as frágeis raízes tecidas em torno do coração e revivendo a poesia e a ternura da vida.

Não era intenção da senhora Mohammadi politizar o ensino da literatura persa, mas não era possível iluminar a beleza, a sutileza e a alegre languidez do farsi sem ser político. Palavras árabes imiscuíram-se em nosso idioma; e, assim, a cada vez que a senhora Mohammadi deparava com uma palavra árabe que colocara de lado uma palavra persa, ela restituía a palavra persa. Isso era um ato político, um ato subversivo. Mas ela nunca fazia discursos; nunca criticava o árabe. Simplesmente dizia: "Isto no lugar daquilo serve melhor ao poema".

Gradativamente, comecei a entender. É possível ler os versos e prefácios de Sa'di mil vezes sem nunca se sentir tocado, pois a literatura não pode criar a alegria que surge quando você reconhece beleza; ela só pode explorar o que está crescendo em seu coração. Uma ótima professora como a senhora Mohammadi pode despertar essa alegria, se estiver lá para ser despertada, e foi o que fez por mim e por minhas amigas em sua classe. Uma vez que a emoção da poesia foi instigada, ela passou a ressaltar temas para nos ajudar a entender por que estávamos emocionadas e no que consistia estar emocionadas.

> *Eles relatam que, uma vez, durante uma expedição de caça, estavam preparando para Nushirwan, o Justo, uma caça abatida, cuja carne iam assar. Como não havia sal, enviaram um escravo ao vilarejo para buscar um pouco. Nushirwan disse ao escravo:*
> *— Trate de pagar pelo que pegar, para que não se torne um costume pegar sem pagar e o vilarejo fique arruinado.*
> *Disse o escravo:*
> *— Oh, mestre, que mal uma quantidade tão pequena causaria?*
> *Nushirwan respondeu:*
> *— A origem da injustiça no mundo era pequena no início, e todos que se seguiram a aumentaram um pouco, até que ela alcançou a magnitude que nós vemos hoje.*

Sempre que possível, a senhora Mohammadi destacava o tema da justiça e injustiça em Sa'di, Hafiz e Rumi. Mais uma vez, não fazia discursos. Mas nos permitia ver que as mais grandiosas coisas ditas sobre justiça e injustiça em nossa língua estavam em forte contraste com as coisas bem mais mesquinhas ditas sobre justiça e injustiça e o certo e o errado pelos mulás, ou, ao menos, pelos mulás xiitas do regime. Era um insulto a Deus usar meias brancas? Um insulto a Deus falar abertamente do amor em seu coração por outro ser humano, um ser do sexo masculino, um rapaz? Um insulto a Deus deixar que a luz do sol tocasse o cabelo de sua cabeça? E a justiça estava sendo servida quando a garota que deixava o sol tocar seu cabelo era confinada a uma cela escura e espancada? Quem poderia imaginar Hafiz, Rumi e Sa'di sentindo-se tocados a escrever uma grande poesia sobre o assunto da garota cujo cabelo foi exposto ao sol? O que diriam? "Oh, nuvens plúmbeas encheram os céus e uma chuva torrencial de sapos caiu na Terra quando a jovem beldade descobriu seus cabelos"?

Esta é a maneira pela qual a grandiosa literatura se torna mais revolucionária — permitindo aos leitores ver quais assuntos, quais experiências a grandiosa literatura favorece e quais poetas que dominaram a língua escolher por companhia. Uma vez que a literatura emociona uma pessoa profundamente, ela não pode imaginar aqueles que a criaram regozijando-se com injustiça, usando suas canetas para escrever sonetos que celebram a hipocrisia. Quem escreveu esplêndida poesia homenageando o triunfo do Terceiro Reich? Quem escreverá poesia esplêndida homenageando o código de censura do Conselho dos Guardiões do meu país? É, com certeza, verdade que escritores altamente talentosos são capazes de revelar preconceitos vis em suas obras, mas a grande literatura, por sua natureza, não enaltece a degradação da humanidade, nem mesmo de uma raça, casta ou classe.

Não revele a um amigo todos os segredos que você possui. Como você irá saber que, em alguma ocasião no futuro, ele não se tornará seu inimigo? Nem inflija em seu inimigo todo o sofrimento que está em seu poder, uma vez que, algum dia, ele poderá se tornar seu amigo. Não conte a ninguém o segredo que deseja guardar, pois ninguém será tão cuidadoso em relação ao seu segredo quanto você mesmo.

A senhora Mohammadi não nos contou seu segredo, contudo deixou que o segredo se revelasse por si só, por sua livre e espontânea vontade. Quando nos ensinou sobre Omar Khayyam, não tentou torná-lo um herói a nossos olhos, embora fosse claramente um herói para ela. A simples exposição ao pensamento dele era o bastante para torná-lo um herói.

> *Ah, aproveitemos ao máximo o que ainda podemos viver*
> *Antes que nós, também, ao pó acabemos por descer;*
> *Do pó ao pó, e sob o pó deitarmos;*
> *Sem vinho, sem música, sem cantor e — sem fim!*

Que outros quatro versos em toda a poesia persa poderiam contradizer mais a filosofia dos mulás? Não é de admirar que eles o odeiem! Não me refiro à exortação para afogar as mágoas no vinho, porém à mensagem mais profunda — pedir-nos que não encaremos a vida como uma rigorosa preparação para uma segunda vida, uma vida após a morte, mas como um fim em si só. Ou não inteiramente como um fim em si só, mas como um período para aproveitarmos para ver, respirar, saborear e amar, permitido por nossos sentidos, membros e lábios; ao que seria uma insensatez renunciarmos por causa da convicção de uma felicidade maior a seguir. Khayyam não é ateu; ao contrário, ele simplesmente diz que a mente e os motivos de Deus não podem ser compreendidos. Sabemos que vamos morrer, no entanto morrer sem ter vivido? Sem ter desfrutado da luz do sol, do perfume de flores no ar? Sem ter amado?

Quase todas as quadras de Omar Khayyam subvertem os dogmas dos mulás, porque sua poesia é o trabalho de uma mente inquiridora. Um indivíduo não pode ter uma mente inquiridora e falar sobre ela em público no Irã. Um indivíduo não pode ter uma mente inquiridora em dois terços dos países do mundo. A dádiva da senhora Mohammadi a mim e às minhas amigas foi nos mostrar o que o nosso belo farsi produziu quando uma mente inquiridora se pôs a trabalhar com ele. Ela não precisou deixar claro nenhum outro ponto. O ponto em discussão ficava claro por si só quando deixávamos a sala de aula com nosso cabelo (no caso das mulheres) cuidadosamente escondido.

> *Oh, amigo, venha para que não lamentemos a tristeza de amanhã*
> *Oh, amigo, venha para que aproveitemos o melhor de nossas vidas curtas*
> *Amanhã, quando todos nós deixarmos este velho templo como abelhas mortas*
> *Não seremos mais ou menos do que milhares de outros em enxames.*

Um dia, quando a senhora Mohammadi recitava a poesia de Khayyam, desejei que o tempo pudesse parar apenas por um momento. A voz dela e a linguagem incandescente de Khayyam lançaram-me para a frente num salto de mil passos. Queria que o tempo parasse para que eu mesma pudesse escrever algo, algo ao estilo de Khayyam, e mostrar àquela adorada mulher para ganhar sua aprovação. (Sim, sempre busquei o que passei a chamar na Austrália de "passos de elefante".) Não naquele dia, mas em outros, mostrei à senhora Mohammadi o que escrevi. Às vezes seu rosto se animava como uma flor desabrochando enquanto lia; às vezes franzia o cenho; às vezes soltava risinhos.

Penso em mim mesma como persa em vez de iraniana. Isso não é uma distinção sutil. A Pérsia existiu antes do Irã, um nome para o país que data apenas de 1934, quando os Pahlevi o mudaram para Irã, que quer dizer "ariano", a fim de impressionar as potências ocidentais com a suposta linhagem racial "branca" da Pérsia. Pensar em mim mesma como persa permite-me abraçar o todo da história do meu país, remontar ao florescimento de uma distinta sensibilidade persa sob os primeiros reis persas aquemênidas, Ciro II e Dario I, 2.500 anos atrás. Durante os primeiros 1.500 anos da existência da Pérsia, o zoroastrismo era a religião do Estado. Assim, ao abraçar o passado persa, também abraço as raízes da minha religião. Isso pode parecer quase místico ou talvez até sentimental, mas acredito, de fato, que o todo daquilo que significa nascer no Irã só pode ser realmente desfrutado quando o todo da história persa corre nas veias de uma pessoa.

 A língua antiga da Pérsia, o farsi, ainda expressa a Pérsia do passado, como também a do presente. Um veio de ouro corre pelo idioma. Não acredito que as invasões árabes da Pérsia entre 767 e 1050 e o estabelecimento do Islã em meu antigo país destruíram a sensibilidade persa. Não, até o triunfo do fundamentalismo no Irã em 1979, a beleza espiritual do Islã coexistia com a beleza que prevalecia antes da chegada do Islã. Nas escolas, a história persa era ensinada sem deturpações — ao contrário do que acontecia no Irã pós-revolucionário, onde os mulás parecem considerar a era pré-islâmica com desprezo. E, pelo que posso dizer, com base no que alguns dos meus professores e os meus pais me contaram, a intrusão das palavras árabes no farsi não era nem de longe tão detestada na era da coexistência espiritual.

 A criança que eu tiver no futuro, aquele menino ou menina, ou aqueles meninos e meninas (ainda melhor!) terão de falar farsi. Inglês, sim; francês, talvez; italiano, espanhol, quem sabe? Mas farsi em primeiro lugar. Quero me tornar a senhora Mohammadi da vida dos meus futuros filhos. Quero que meus filhos leiam Sa'di, Hafiz, Khayyam, Rumi e, é claro, todos aqueles escritores iranianos que vivem hoje. Depois, quero que eles leiam o Código do Conselho dos Guardiões do regime. Quero que me digam:

 — Mamãe, por que o Conselho dos Guardiões desperdiçou uma língua tão bonita nestas bobagens?

Capítulo 15

— Você está aqui realmente por causa de problemas com cheques? — pergunto ao louco, dirigindo minha voz à grade do ventilador.

Estivemos jogando conversa fora por uma meia hora, e me parece estranho que aquele louco esteja aqui por roubo, desfalque ou por ter passado cheques falsificados, enquanto estou aqui por ter participado de um protesto de rua. Minha mente é organizada, funciona com lógica; sempre fico incomodada com o que não faz sentido, com coisas que não se encaixam. Sei que em uma prisão há todo tipo de bandido e assassino, e percebo que, para o regime, bandidos, assassinos e manifestantes políticos são todos considerados da mesma ala podre da sociedade. Contudo em Evin parece não fazer sentido coexistirem manifestantes políticos e pessoas como ele, ou seja, que fizeram algo ilícito com cheques. Isso, sem dúvida, não se encaixa. O louco da cela de cima pertence a uma prisão diferente, uma prisão para aqueles que transgrediram sem erguer a voz ou os punhos.

Repito minha pergunta.

Ele não responde.

— Qual é o seu nome? Você pode me dizer o seu nome, não é mesmo?

Parte da minha curiosidade em relação ao louco tinha a ver com o meu medo de também ficar como ele no futuro. Se uma pessoa for mantida aqui por um muito tempo, é isso que pode acontecer com ela? Começar a gemer alto dia e noite, blasfemar, insultar os entes amados? Dentro de um ou cinco anos serei eu a louca na cela acima de algum recém-chegado, xingando os guardas em troca de momentos de atenção, mesmo que seja para sentir a dor de um espancamento?

— Sohrab, esse é o meu nome — diz o louco.

Fico tão perplexa em receber uma resposta que lhe peço que repita.

— Sohrab — fala ele num tom manso. Já fizera isso antes, passando de uma atitude calma e cortês para a completa loucura em questão de segundos. Sei que devo aproveitar este momento lúcido antes que ele se perca em gemidos histéricos outra vez.

— Sohrab. Há quanto tempo está aqui, Sohrab? Há quanto tempo?

— Perdi a conta. Talvez uns sete anos, oito, talvez dez. É difícil acompanhar a passagem do tempo neste lugar.

Solto uma exclamação abafada de aturdimento, e Sohrab ri. Não é sua risada de louco. É o riso irônico de alguém notando o impacto de sua experiência em outra pessoa bem mais ingênua.

— Dez anos? — pergunto, apenas para ter certeza de que ouvi direito.

— Dez, talvez. Mas talvez não dez. Talvez sete, oito. Não sei.

Isso é estranho. Conforme o louco vai ficando mais quieto, mais calmo, sinto que estou prestes a perder o controle, a perder a razão, pois não posso imaginar o que restará de mim se eu tiver de ficar aqui por dez anos! Não terei mais dentes, porque os arrancarei em meu desespero. Não terei cabelo, porque quando ele crescer eu o arrancarei novamente em minha loucura.

— Oh, Deus! Dez anos! — exclamo com um gemido. — Dez anos!

— Quieta! — diz o louco. — Não grite. Se gritar, eles virão e violentarão você. Eles violentaram Miriam. Ela esteve em sua cela antes de você. Pude ouvi-los. Não grite, menina tola!

Mas não consigo parar. As duas palavras "dez anos" tomaram conta do meu cérebro, dos pulmões, da garganta, da boca. Eu as repito, gemendo e gemendo alto. Sei que estou histérica, fora de mim. Entretanto as palavras não cessam.

— Quieta! Pare! Pare! — avisa Sohrab com mais firmeza em seu tom. — Pare agora!

E eu paro. As palavras vão se abrandando em meus lábios, os gemidos tornam-se sussurros.

— Dez anos... por favor, não... por favor, não...

— Assim está melhor — diz Sohrab, o louco, e ambos ficamos em silêncio.

O guarda atira a venda pela abertura, e ela cai quase inaudivelmente no chão. Paro de me preocupar com um futuro distante e começo a pensar no que me aguarda na sala de interrogatório hoje.

Sou como um rato treinado, totalmente condicionada pelas experiências que estão sendo feitas comigo. Um pedaço de tecido surge pela porta e a reação esperada começa. Estou treinada. E amansada. Treinada e amansada. Não há mais um vestígio de coragem em mim. A experiência foi bem-sucedida, desgraçados. Deixem-me em paz. O que mais podem ter para me perguntar? Sabem mais a meu respeito do que eu sei sobre mim mesma. Deem-me um pedaço de papel para assinar. Eu o assinarei. Farei o que quiserem. Nem sequer vou ler o que estiver escrito nele, só assinar.

Caminho indecisa até o interior da sala, às cegas como sempre. Cada vez que entro neste lugar, imagino a mim mesma tímida, sofrida, e ao interrogador sorrindo com satisfação. Ele gosta do jeito como estou. Gosta do que me tornei. É uma prova da habilidade dele, de seu talento. Provavelmente sua satisfação é mais a do profissional orgulhoso do que a do sádico.

Ele me empurra de leve até a cadeira. Sento e respiro fundo. Logo que sinto os contornos da cadeira em torno de mim, tenho um acesso de tremedeira. Mais reações de rato treinado. Se um dia eu sair daqui, vai se passar uma eternidade antes que eu seja capaz de me sentar ereta numa cadeira semelhante sem que a associação com esta me cause mal-estar.

É o sujeito fedorento, o gordo que não toma banho. Seu cheiro é tão característico quanto sua voz.

— Onde nós estávamos? — pergunta ele a si mesmo num tom profissional. Ouço enquanto mexe em alguns papéis. Agora pigarreia. — Vocês recebiam apoio de organizações antirregime no exterior?

Ele já não fez essa pergunta antes? Se foi o caso, o que respondi? Sim? Não? Se fosse para dizer a verdade, eu teria dito "não". A ideia é tão descabida. Não tínhamos dinheiro, nem apoio, nem assistência alguma em absoluto. Se algum de nós fosse surrado pelos integrantes do Basij, nem sequer haveria dinheiro para pagar a conta do hospital. Nem um único rial. Éramos como um clube amador promovendo um hobby. Nosso hobby era a política. Éramos passionais em relação a ela, mas também o são aqueles que fazem aeromodelos ou jogam xadrez. Quem nos daria dinheiro? Quem se importaria?

— Não, ninguém nos apoiava.

— Não diga. E Arash Hazrati tinha amigos ou contatos nos canais de tevê iranianos em L.A. ou estações de rádio em Londres?

O senso de humor de um ser humano é tão imprevisível, tão pronto a se esconder por completo até que a ponta de um sorriso surja no rosto. Ele não falou "Los Angeles"; falou "L.A." ("Élei", em sotaque ianque). Acho isso engraçado à beça. Contudo não sorrio. Guardarei este sorriso para depois. E, de qualquer modo, como se algum de nós assistisse aos canais que ele mencionou! Esses canais são uma bosta — iranianos no exterior encorajando os compatriotas que ainda estão no Irã a saírem às ruas e execrar o governo. Oh, claro. Se eles se importassem de fato, estariam em Teerã fazendo exatamente o que querem que a gente faça. Mas não, é muito mais agradável ganhar dinheiro nos Estados Unidos e na Inglaterra e doar um pouquinho às pessoas que dirigem os canais de tevê. Eles se autodenominam "Os Verdadeiros Persas". Eles são tão condenáveis quanto o próprio regime. E se tivessem a chance, estariam fazendo exatamente o mesmo que o regime: atirando gente na cadeia. "Vão em frente, garotos! Deixem que rachem a cabeça de vocês! Nós amamos vocês!" Talvez isto seja um tanto duro e, sim, presumo que também seja injusto, mas não estou com disposição para ser justa com essas pessoas. Nunca assisti a esse lixo. Ninguém que conheci já assistiu.

— Não, nenhum de nós assistia a esses canais. Nunca.

— Fascinante. Alguém já contatou você ou Arash Hazrati para fazer uma entrevista ou obter alguma informação? Vocês estavam fornecendo informações a jornais?

Entrevistas? Tenho vontade de perguntar a esse gordo idiota e fedorento se é usuário de drogas. Entrevistas? Quem, afinal de contas, iria querer me entrevistar? Quem ligaria? Sou o menor dos peixes numa escola de peixes bem pequenos. Ninguém nunca se interessou por nós. Ele acha que eu tinha algum tipo de status de celebridade? Eu não era nada. Nenhum de nós era nada. E que sentido haveria em entrevistarem um de nós? Estávamos todos juntos naquilo. Não havia líderes.

— Não, nunca.

— Hum, sei. E você o faria se lhe pedissem?

— Eu não teria nada a dizer.

— E quanto a mais tarde, se soltarmos você? Teria coisas a dizer, então?

Ele está falando sério quanto à possibilidade de me soltarem? Ou está apenas me atormentando? Se ele ao menos removesse a venda, eu lhe faria uma encantadora encenação. Arregalaria os olhos e diria: "Oh, não, eu jamais sonharia em fazer uma coisa dessas! Juro!".

— Não, eu não teria nada a dizer.

— Sabe, se você disser alguma coisa — avisa o interrogador —, eu lhe darei as boas-vindas de volta aqui. E haverá uma grande recepção para você. Uma recepção esplêndida. Sabe o que quero dizer, não é?

— Sim.

— Mais uma pergunta. Aceitou alguma ajuda financeira de alguém durante suas atividades?

Na verdade, sim. Aceitei ajuda financeira do meu namorado simpatizante do regime. Mas não posso dizer isso.

— Não. Não tínhamos despesas. Não precisávamos de dinheiro.

Na realidade, às vezes tínhamos de alugar um ônibus ou pagar coisas de que precisávamos para nossas manifestações. Normalmente fazíamos uma vaquinha com o pouco dinheiro que possuíamos, mas nem sempre era o suficiente. Behnam nos ajudava a comprar itens novos para o escritório, tais como nossa máquina de fac-símile e um computador. Era a versão dele de solidariedade — correr com as lebres e caçar com os perdigueiros, como já mencionei. Mas, assim mesmo, nossas despesas eram triviais. Não era como se jantássemos em restaurantes caros para conversar sobre o que faríamos em nossas manifestações. Éramos estudantes. Estávamos acostumados a viver com quase nada. Os protestos estudantis eram apenas uma extensão de nossa vida normal de universitários.

— E quanto a Arash? — pergunta o gordo. — Ele contribuía com dinheiro? Usava ajudantes pessoais para auxiliarem na organização da tolice de vocês?

Ah, isso era o que eu temia — o assunto todo em torno de Arash. Eles sabem muito bem que Arash é, de fato, aquele que importa. Não porque esteja no comando, porque não é o caso, mas por causa de sua coragem, sua persistência. Elas farejam nossa coragem, essas pessoas do regime, como tubarões sentindo o cheiro de sangue na água. Essa coragem as enlouquece. Na pequena esfera em que atuam, sabem tudo. Teimosia provavelmente significa bem pouco para elas; teimosia pode ser vencida com o tempo. Ser um tipo esperto não significava muito, também; apagar sorrisos dos rostos de tipos espertos é rotina para elas. Porém coragem, a verdadeira coragem, isso é outra coisa — e é isso o que realmente as atormenta.

Sei que haviam oferecido a Arash a oportunidade de ir para os Estados Unidos para morar e trabalhar, apenas para se livrarem dele — para o comprarem, de certo modo. Se ele tivesse aceitado a oferta e depois reclamado do regime de seu país nos Estados Unidos, sabiam que suas reclamações não teriam credibilidade no Irã. Ele teria se tornado como as pessoas que dirigem os canais antirregime — manifestantes da boca para fora. No entanto, Arash recusou.

— Eu não sei. Ele nunca fala sobre ajudantes pessoais. Nunca fala sobre nada pessoal.

— É mesmo? E quanto a ir à casa dele? Isso não foi pessoal?

Não respondo. Por alguns momentos não ouço nada. Então, para confirmar o que temo, ouço o interrogador deixando sua cadeira e se aproximando de mim.

— Isso foi bastante pessoal, não foi? — persiste.

Tenho a sensação nauseante de que ele pretende conduzir o interrogatório numa direção que não quero nem cogitar. O único preparo possível é renovar a licença que concedi a mim mesma para implorar, rastejar. Estou pronta para implorar e rastejar.

Ouço enquanto meu algoz contorna a cadeira, cercando-me. Passa em torno de mim mais de três vezes, pelo que posso calcular. Seus trajes roçam meus ombros a cada volta que dá. Em sua última volta, para bem diante de mim, segura meus joelhos com força e afunda os polegares na pele acima do osso. Contraio o rosto, mas fico em silêncio. Pressinto que qualquer grito de dor agirá sobre ele como um estímulo. Está emitindo um som sibilante, como o de alguém imitando uma locomotiva, só que os sibilos são interrompidos por breves grunhidos. Ele leva as mãos atrás de mim, pega a pele de cada lado do meu pescoço e a torce. Estou cerrando os dentes num esforço para não gritar. Meu rosto é inundado pelo cheiro fétido de seu hálito quando ele se inclina para falar ao meu ouvido. Continua segurando a pele do meu pescoço, torcendo-a enquanto fala. Com sussurros arfantes, conta-me o que infligiu em outras vítimas, em outras mulheres, citando seus nomes, repetindo cada um pausadamente, entoando um a um. Conta sobre as tentativas inúteis de suicídio delas; imita os gritos delas.

Ele segura a pele da parte inferior das minhas costas através da túnica e a torce. Se não fosse a dor, eu gritaria. É a dor que me mantém de dentes cerrados. Enquanto a ladainha dele prossegue, sua saliva molhando a parte de dentro da minha orelha, dou-me conta de algo em cuja direção devo ter estado tateando no escuro durante semanas: sou o começo e o fim do que interessa a ele; não qualquer informação que eu possa dar, apenas meus gritos, minhas súplicas. Em meus estudos hispânicos, li sobre as práticas dos incas do Peru quando faziam um importante inimigo prisioneiro. Eles enjaulavam o homem ou a mulher e esmagavam um osso a cada dia, começando pelos pés e subindo pelo corpo, arrancando gritos durante meses.

Grito, enfim, e jogo-me para a frente. O torturador está segurando meus braços na altura dos cotovelos. Começo a me debater o mais freneticamente que posso, todavia ele é forte demais. Ele força um dos meus cotovelos contra o encosto da cadeira com o joelho, libertando uma mão para apoiar minha cabeça de encontro à sua boca. A cantilena soa rouca em razão do esforço que ele está fazendo, mas ela continua e continua — mais um nome, mais um nome.

Finalmente ele me solta, tão de repente que caio da cadeira no chão. Meus gritos de desespero provocaram um acesso de tosse. Apoio nos joelhos com dificuldade, esforçando-me para recobrar o fôlego. Dentro de mim, quando a tosse cessa, não há nada além de uma repulsa imensa pela vida, por qualquer vida, pela minha, pela de todos. Não quero fazer parte de nada que esteja vivo.

O torturador não tem mais nada a dizer. Ouço enquanto ele se adianta até a cadeira detrás da mesa e senta. Chama o guarda, como sempre faz quando é hora de eu ser levada de volta à cela.

Algum tempo depois, estou de volta à solitária. Sei que não serei perturbada por enquanto. É o sistema deles. Quando terminam, começam a trabalhar em outra pessoa, nem sequer pensam em você até o interrogatório seguinte.

Luto para entender o que sinto. Certifico-me bem de não pensar nos detalhes do que aconteceu. Só quero saber o que sinto. Mas parece que não tenho sentimentos a descobrir. Não sinto dor, contudo gostaria de morrer. Não quero morrer aos poucos, nem mesmo em alguns minutos; quero morrer imediatamente. Para ser bem franca, nem sequer sei dizer se é a morte que desejo. A morte é simplesmente a coisa mais próxima disso. Desejo não existir.

Num momento dolorosamente inoportuno, o louco acima de mim, Sohrab, dá-me as boas-vindas por minha volta e pergunta de um jeito sardônico se eu me diverti. Grito com ele, digo-lhe que vá para o inferno. Ele fica quieto na hora. Nem sequer geme.

Anseio por lavar meu corpo, mas não há água.

Algum dia vou conseguir me livrar do cheiro daquele homem repulsivo, odioso, nas minhas narinas?

Meus sentimentos estão voltando. Uma espécie de fúria me invade. Eu poderia matar alguém naquele instante.

Coloco o papel verde para fora para ir ao banheiro. Meia hora depois o guarda atira a venda para dentro. Rezo por uma discussão ou uma briga com o guarda. Quero que ele brigue comigo para que eu possa gritar.

— Acho que vocês todos são doentios e nojentos! — grito, enquanto o guarda me empurra pelo corredor.

É algo impensável de se dizer. Por um segundo ou dois, o guarda não esboça reação, como se não pudesse acreditar na minha temeridade. Mas, em seguida, empurra-me para a frente com tanta violência que caio. Encolhida no chão de cimento do corredor, grito mais insultos. O guarda me chuta. Protejo a cabeça e o estômago de seus chutes, porém continuo praguejando e xingando. Os chutes doem muito, mas, ao mesmo tempo, dão-me um maldito alívio. Talvez seja algo psicótico o que estou fazendo; não sei. No entanto a fúria que fervilha em meu cérebro é, de algum modo, abrandada quando a despejo neste guarda. É uma sensação tão boa.

Outro guarda, uma mulher — pelo som de seus gritos —, aproximara-se para parar o espancamento. Ela me ajuda a levantar.

— Por que você simplesmente não se cala? — sussurra ela.

Quando chegamos ao banheiro, arranco a venda e começo a chorar sem parar — todo o meu ódio, fúria e aversão pelo interrogador, e raiva de mim mesma, estão canalizados neste acesso de pranto.

O que estou fazendo comigo? O que estou fazendo?

Minhas lágrimas começam a se dissipar. Olho fixamente para a parte de dentro da porta do banheiro. É onde mensagens são deixadas para prisioneiros por outros prisioneiros. Elas permanecem lá por um curto tempo, antes que os guardas as raspem da madeira. Estou olhando para uma mensagem para mim, uma mensagem de Arash. Sei que é de Arash porque a mensagem toma a forma de versos de um famoso poema; versos que Arash costuma recitar antes de fazer um discurso. O fato de os versos estarem rabiscados aqui significa que o próprio Arash está em Evin agora. Não é nenhum choque para mim; havia ficado óbvio que ele também seria preso.

Os versos são de um poema sobre o amor. A voz no poema consola uma mulher de coração partido: "Você fará voar suas aves em breve e uma mão bondosa segurará sua mão vazia". Solto um grunhido desgostoso depois que leio os versos. O que, afinal, ele está tentando me dizer? Na verdade, não quero saber. Metade do que aconteceu comigo foi por culpa dele, e a outra metade foi pelo fato de eu ser mulher. Trouxe minha colher comigo, mantida secretamente em meu poder quando devolvi a bandeja de comida, para o caso de alguma vez eu desejar deixar uma mensagem aqui. Uso a ponta do cabo da colher para escrever abaixo da mensagem: "As asas da minha ave estão quebradas". Essa é a minha mensagem para ele. Não tenho o menor interesse pelas asas das aves no momento. Recolocando a venda, escondo a colher e volto à cela.

A dor que não pude sentir antes é tudo o que sinto agora. A dor em meu corpo acompanha a do meu coração e a da minha alma a cada latejo.

Contra a minha vontade, fico pensando na mensagem de Arash. Por acaso sei que o próprio poeta era um manifestante e que passou anos na prisão. Mas o que, afinal, Arash tem em mente? Está tentando me dar esperança? É o que quer dizer? Se esse era seu objetivo, falhou por completo. Não me sinto nem um pouco mais forte.

Perdi tudo aqui. Essa é a verdade. Nunca mais deixarei aves voar, nem mesmo aves feias, estúpidas e estridentes. Não mais.

Passaram-se alguns dias sem nenhum interrogatório.

Vou levando a vida como posso. Tive permissão de tomar um banho ontem. Lavei minhas roupas de prisioneira. Empolgante.

Mas há algo errado na minha cabeça. Minha raiva e tristeza se dissiparam. O que penso agora é em assassinato. Penso nisso o tempo todo: assassinato. Quando durmo, sonho com assassinato. Os assassinatos, porém, não são tão triunfantes em meus sonhos quanto são quando estou acordada. Ataco o interrogador em meus sonhos, mas os golpes que desfecho não o matam. Ele cai e parece morto, mas, então, ele senta e sorri. Sei o porquê de tudo isso, é claro. Li Freud nas aulas de Filosofia. São sonhos de impotência. Está certo, no entanto basta me darem uma faca ou um martelo e me colocarem num recinto com aquele homem sórdido, e impotência não será um problema. Nem por um momento.

Ainda assim, perturba-me o fato de estar me tornando uma homicida repetidamente em meus pensamentos. É o tipo de sequela que a violência provoca em suas vítimas. Quero realmente isso? Quero que o torturador tenha um êxito tão absoluto a ponto de poder virar minha cabeça e fazer com que eu me deleite com aquilo que sempre abominei? Ou talvez isto seja simplesmente uma espécie de terapia, uma fuga, que minha imaginação está criando para me livrar da loucura. Fantasias de vingança. Fantasias de poder.

Venho lendo o Alcorão nos últimos dois dias. Uma passagem diz: "Respeitem suas mulheres até mesmo quando elas estiverem passando por vocês na rua porque elas são a dádiva de Deus para a Terra, para darem à luz e fazerem vocês felizes".

Quero meus direitos islâmicos.

Há um barulho na porta. A venda não foi atirada através da abertura, mas alguém está prestes a entrar. O medo me deixa paralisada. A porta é aberta abruptamente e, na soleira, está o interrogador, o homem que tenho imaginado matar incessantemente; o homem que grita por misericórdia depois que eu o derrubo no chão e fico acima dele com a minha faca erguida.

Não está sozinho. Um homem usando um jaleco branco sai detrás dele. Mas não há nenhum guarda.

— Olá, irmã. Como está hoje? — pergunta o interrogador num tom brando, como se fosse assim que se dirigisse a mim normalmente. — Este senhor é médico. Ele está aqui para um exame.

O interrogador olha diretamente para mim sem o menor vestígio de vergonha. Sabe que eu poderia contar ao médico o que fez comigo; mas também sabe que não o farei. Uma acusação dessas não significaria nada neste lugar. Executam pessoas aqui a cada dia da semana. Sei pelos sussurros do lado de fora de Evin que os métodos de tortura à disposição de homens como o interrogador vão até os limites a que a tortura pode chegar. Que queixas sobre tratamento desumano foram feitas pelos prisioneiros dos campos de extermínio nazistas enquanto aguardavam o fim? Aquelas pobres e infelizes pessoas acreditavam que quaisquer protestos que pudessem fazer seriam capazes de mudar seu destino?

— Tem algum problema de saúde? — pergunta o médico educadamente. — Sente alguma dor? Alguma indisposição?

— Não — respondo. — Estou bem.

O interrogador sorri para mim. É um sorriso ensaiado, perfeitamente calculado para o efeito desejado. Destina-se a convencer o médico, caso este acredite que o interrogador é apenas um sujeito comum, fazendo suas rondas. Ao mesmo tempo, porém, o sorriso age como um instrumento de tortura sobre mim — um instrumento mais eficaz do que um riso de escárnio.

O médico faz um rápido exame: olhos, boca, pulsação. Anota os resultados desse consciencioso exame num formulário.

Quando o médico e o interrogador saem, o homem que anseio por matar sorri para mim e diz:

— Obrigado, irmã, pelo seu tempo.

Pouco depois, pergunto ao louco, Sohrab:

— Você já foi examinado por algum médico?

O louco ri. Estou tão cansada dos risos e da loucura dele, mas quem mais há para conversar?

— Sim — responde ele. — Sempre diga que você está bem, ou, do contrário, Gholam Reza ficará bravo.

— Por que eles enviam um médico? — pergunto. — Por que se dão ao trabalho?

— Para mostrar que se importam — diz Sohrab.

Isso é inacreditável, porém estou rindo. E Sohrab ri junto comigo. Aqui estamos nós dois: o primeiro, um louco com uma mente tão atormentada que nem sequer sabe quantos anos se passaram desde que foi alguma outra coisa além de um prisioneiro de Evin; a outra, uma louca mantendo-se viva por meio de fantasias sanguinárias. E ambos estamos rindo.

— Deus nos livre de adoecer aqui! — declara Sohrab, e nosso riso se renova.

— Como sabe o nome dele? — pergunto.

— Descobrem-se muitas coisas quando se vive aqui — responde ele.

Oh, essa me atinge em cheio! Quando se vive aqui. Isso é o que o louco aceita — que este é seu único lar, seu único endereço. Mas eu ainda não aceitei isso. Não moro aqui. A menos que seja verdade.

— Você já teve visitas? — indago.

— Sim, no final do primeiro ano. Minha mãe. Ela teve um ataque cardíaco uma semana depois de me ver, e eles me disseram que ela havia morrido. Eu me recusei a ver quem quer que fosse depois disso.

— Você chorou? Sentiu a falta dela?

— Não, fiquei feliz porque ela não teve que ficar esperando por mim e sofrendo mais.

— Não quero que a minha mãe morra.

— Ninguém quer.

Ele tem razão. Ninguém quer.

Lamento muito por Sohrab, profundamente. É uma coisa maternal, bastante estranha. Talvez tenha sido o fato de saber que a mãe dele morreu de ataque cardíaco tantos anos atrás que despertou este peculiar instinto protetor em mim. Não sei.

— Quer que eu lhe conte uma história? — pergunto. — Talvez você adormeça.

— História, que história? Não quero dormir. Conte-me uma história, se quiser. Vou ouvir. Mas seria melhor se você pudesse cantar. Adoro canto.

— Não canto assim tão bem. Que música gostaria que eu cantasse?

— Conhece aquela nova música, aquela sobre a menina que canta para sua boneca? Conhece essa?

Fico chocada. A música pop de que ele fala foi lançada anos e anos atrás. Mas Sohrab pensa que é nova. É possível que esteja aqui há bem mais tempo do que imagina? Mas não comento isso. Não quero aborrecê-lo.

Minha boneca, é hora de deitar,
É hora de deitar e você deve dormir agora,
Cantarei sobre os seus lindos olhos mesmo quando se fecharem,
Deve dormir agora, minha boneca,
Não quero que veja que estou perdidamente apaixonada por uma boneca,
Então, você deve dormir agora, deve dormir.

Não consigo continuar a canção. Sua tola inocência me faz chorar.

— Não chore — pede o louco. — Por que você chora? Vai apenas ficar com sede, e eles não lhe darão água para ajudar.

— Oh, meu Deus, meu Deus! Não quero estar aqui!

— Ninguém quer, mas você sairá logo.

— Como pode saber? — retruco em tom de escárnio. — O que "logo" significa para você? Nem sequer sabe há quanto tempo está aqui. "Logo" poderia ser dez anos para você. Poderia ser cem anos!

Eu não deveria ter dito isso. Arrependo-me. Não tenho como saber se Sohrab se ofendeu, uma vez que fica em silêncio. Enfim, quando começo a achar que o meu desespero afugentou a única voz em que posso confiar, o louco me faz uma pergunta.

— Você matou alguém?

— Não — respondo, perplexa, pois é como se as minhas fantasias em torno de assassinato tivessem se desprendido da minha mente feito um gás incolor e penetrado pela grade do ventilador até a cela de Sohrab. — Por que me pergunta isso? Falo como alguém que mata pessoas?

— Eu matei — conta ele. — Meu chefe. Anos atrás.

Fico chocada em ouvir isso. Ou não, não é verdade afirmar que estou chocada. Estou surpresa, porém mais fascinada do que outra coisa. Meu louco de estimação é um assassino? Tenho um recém-descoberto sentimento de solidariedade em relação a assassinos, ou a assassinos de um certo tipo. Meu fascínio tem a ver com a esperança de que a vítima do crime do meu adorável louco tenha sido um guarda de prisão — ou, melhor ainda, um interrogador. No entanto, saber o que desejo ouvir me atordoa. Minha sede de vingança está totalmente fora de controle. Aqui estou eu, ouvindo um lunático me contar sobre seus crimes como se isso fosse alimento para meu torpe apetite. Não deveria continuar ouvindo. Não deveria encorajá-lo a me contar mais nada. Todavia eu o faço.

— Foi por isso que trouxeram você para cá? Não por causa de um cheque falsificado, mas porque matou alguém?

— Não.

Meu louco não diz mais nada, e fico impaciente.

— Conte-me! — exijo.

— Não sei se devo.

— Sim. Conte.

Ele faz silêncio por longos minutos. Começo a achar que seria capaz de socá-lo e obrigá-lo a me contar se pudesse entrar em sua cela.

— Está bem, vou contar — concorda finalmente. — Afinal, você cantou para mim.

E Sohrab relata sua história com um ar totalmente corriqueiro. Fico cativada desde a primeira frase. Nem sequer questiono a verdade do que ele está dizendo. Acredito nele. Se for tudo mentira, ao menos a história entretém. Mas em meu coração, se não em minha mente, não acredito que ele esteja inventando nem um único detalhe. O que quer que ele seja, não é um homem que inventa histórias. Acho que está falando a verdade, pelo que posso avaliar.

O louco, meu adorável louco, meu belo e louco amigo, conta-me que era cirurgião. Trabalhava, segundo diz, no Hospital Imam Khomeini e, quando conta isso, não há nenhum indício de ironia em sua voz. Foi no hospital que conheceu a famosa Leila, a mulher que atormenta tanto seus dias e noites. Leila era sua linda paciente. O louco apaixonou-se por ela à primeira vista.

— Você se apaixonou por sua própria paciente? — exclamo.

— Sim. Envergonho você?

— Não — respondo. — Mas você era um médico bem safadinho.

Ele ri, deliciado com o comentário. É um riso muito diferente de seu riso normal, normalmente tão carregado de sarcasmo.

Rio junto com ele. Não posso explicar por que me sinto assim de uma maneira racional; mas, apesar de tudo, até do que me foi feito alguns dias atrás, estou feliz. Como é possível? Estou feliz. Sei que é um momento efêmero de felicidade, porém guardo-o no coração, gratificada. Oh, meu belo louco, penso. Meu belo, sofrido e escandaloso louco!

Dois meses depois de ter conhecido Leila, ele estava casado com ela. Adorava-a, e ela o adorava. E estava grávida.

— Você não perdeu mesmo tempo — comento.

— Era amor — responde ele com apenas um ligeiro tom de reprimenda em suas palavras.

— Sim, eu entendo.

— Estava tudo bem. Tudo romântico e repleto de amor. Aliás, era bom demais para ser verdade.

Ele para por um momento. "Oh, por favor, por favor, prossiga!", encorajo-o, embora sem dizer palavra alguma. Percebo que comentários espirituosos poderão não o agradar naquele momento e procuro ponderar tudo o que falo. Essa é a história do meu louco; a história que o mantém vivo — amor, traição, fantasias de vingança. Não posso aborrecê-lo.

— E então, o que aconteceu? — indago, uma vez que o silêncio dele se prolongou demais. — Tiveram filhos? Onde passaram a lua-de-mel?

— Não houve lua-de-mel. Ela estava grávida, lembra? Não podíamos viajar porque ela não se sentia muito bem.

— Oh, que pena. E então? O que houve?

— Recebi uma grande promoção. Fui contratado por um figurão do sistema de saúde. Um chefe. Um grande administrador.

— Puxa, é mesmo? Você devia ser bom.

Ele torna a ficar em silêncio. Oh, Deus, com certeza não interpretou mal o que eu disse, não é? Estou sendo sincera, não satírica! Mas, então, ele torna a falar, deixando-me aliviada.

— Sim, eu era bom. Evin é o paraíso. Só os melhores vêm para cá.

Rimos juntos. Está tudo bem. Não o aborreci. Seu senso de humor é bem mais aguçado do que imaginei.

Prossegue explicando, meu louco, que era tão bom que o administrador, um figurão do lugar, teve de se livrar dele. Ele deparara com provas de que o administrador estava desviando recursos do orçamento departamental — somas muito altas de recursos. Os roubos preocuparam-no, e ele questionou o chefe, mas foi informado de que não era sua função examinar as contas. Persistiu porque a situação o incomodava; corrupção daquele tipo sempre o fizera sentir-se péssimo, disse. Era, afinal, dinheiro que deveria ser usado para a assistência médica do povo. Resolveu investigar mais a fundo, em segredo, e chegou à conclusão de que as grandes somas de dinheiro que desapareciam regularmente estavam indo para contas no exterior.

— Mas o que isso tinha a ver com Leila? Como ela se tornou sua inimiga?

— Eles falsificaram documentos para mostrar que eu era viciado em drogas e, consequentemente, não poderia ser um cirurgião competente. Caí numa armadilha, e eu tinha que provar, ao menos para a minha esposa, que aquilo não era verdade. Não queria perdê-la. Invadi o escritório numa noite para recolher o material de que precisava para levar ao tribunal, porém fui preso; o resto é história.

— Você não me contou o que o fez odiar Leila.

— Ela declarou no tribunal que me viu usando drogas e disse que eu era violento e até havia ameaçado matá-la se ela contasse a alguém.

— Mas ela amava você, não amava? Você disse que sim.

— A última vez que a vi foi no tribunal. Ela estava sentada ao lado do meu chefe, rindo com ele. Já lhe contei que ela tinha uma covinha no rosto?

— Sim, já. — Umas cem vezes, na verdade. — Quando você o matou?

— Tentei me suicidar, mas não deu certo. Estraguei tudo. Eles me levaram para Ghasr, o hospital de loucos em Teerã. Fugi e o matei na mesma noite. Não consegui encontrar Leila.

— Você se sentiu melhor depois que o matou? — É algo que realmente quero saber.

— Sim, mas eu teria me sentido ainda melhor se pudesse ter matado Leila também.

— Mas você amava Leila. Disse que a amava. Você não a teria matado. Mesmo que a tivesse encontrado, não a teria matado.

— Sim, eu teria sim. Ela arruinou minha vida. E, enquanto ela viver, com certeza arruinará muitas vidas.

Tento refletir sobre tudo isso. Não lhe faço perguntas, por enquanto, e ele fica em silêncio, meu louco. Penso em justificativas para um assassinato. Não acredito que Sohrab tenha o direito de matar Leila; no entanto, acho que tenho o direito de assassinar o homem que desprezo. De que modo um torturador pode contribuir para a raça humana? É certo que ele só existe para causar sofrimento. E sou capaz de matar uma pessoa assim.

Mas não quero discorrer sobre as justificativas para este ato. Não estou num tribunal. Só quero matar uma pessoa cuja falta nem a própria mãe sentiria. Contento-me com isso.

Capítulo 16

Se a visão que a minha mãe tinha de uma vida familiar perfeita fosse pintada numa tela, é bem provável que o quadro exibisse um pai e uma mãe rodeados por meia dúzia de crianças sorridentes diante de um chalé repleto de rosas. O pai estaria tentando parecer severo e um tanto distante, como se os problemas do mundo pesassem intensamente sobre seus ombros. Mas esse mesmo pai não conseguiria ocultar o grande orgulho que tinha dos filhos; isto estaria evidente em seus olhos. A mãe não conseguiria disfarçar a alegria de estar cercada pelas seis crianças mais lindas e encantadoras da face da Terra. As crianças, por sua vez, estariam de mãos dadas, como se quisessem mostrar sua inesgotável afeição umas pelas outras. Uma aura dourada pairaria sobre a família, sugerindo um tipo de graça, pois essa família foi abençoada pelo Todo-Poderoso.

Minha mãe sabia que sua visão nunca se realizaria sozinha; sabia que teria de arregaçar as mangas e fazê-la acontecer. Ela trabalhava dia e noite para concretizar seu sonho. Se meu irmão mais velho sentia um prazer maldoso em esmurrar o meu braço e depois negava que chegara perto de mim o dia inteiro, mamãe, ignorando seus protestos, o obrigava a me abraçar, fitar meus olhos e me dizer que me amava de todo o coração. Se minhas irmãs me aborreciam a ponto de eu gritar com elas, eu era forçada a lhes sorrir por um longo período (ainda que por entre os dentes).

Quando íamos acampar no bosque, nas férias, mamãe fazia com que todos déssemos as mãos e cantássemos em torno de canecas de chocolate quente. Meu pai era impelido a elogiar nossos trabalhos artesanais, meus irmãos e irmãs tinham de se reunir e cantar alegremente sempre que eu levava para casa um prêmio da escola, e cada membro da família tinha, diariamente, de dar provas de sua felicidade e gratidão por fazer parte dessa família radiante.

E minha família era, de fato, tão maravilhosa quanto simulava ser. Minha mãe nos criou à imagem de seu ideal; foi bem-sucedida. Amávamos realmente uns aos outros. Meu pai adorava cada um de nós e sempre encontrava algum modo especial de demonstrar. No meu caso, como mencionei, escovando meus cabelos quando me sentava em seu colo e entoando doces canções em meu ouvido. É claro que uma família assim tem de fazer vista grossa para muita coisa do que acontece à sua volta. E meus pais eram especialistas em fazer vista grossa.

Deixe-me explicar.

Meu pai era oficial do alto escalão do exército nos últimos anos do reinado do xá. Era bem informado e é claro que devia saber muita coisa sobre a luta (talvez algumas bastante sangrentas) na política iraniana. As forças que combatiam a política iraniana ao longo do período em que meu pai serviu incluíam os comunistas, um clero privado de direitos e privilégios, parlamentaristas liberais e socialdemocratas, e nacionalistas superconservadores. Desses grupos, os comunistas e o clero sem privilégios eram os mais visados. O xá detestava os comunistas como os inimigos naturais de sua classe e inimigos declarados dos Estados Unidos, seu principal apoio entre as potências mundiais. (A CIA colocou-o no trono, afinal.) O antagonismo do xá em relação ao clero era ainda mais pessoal; nunca houve uma divisão formalmente legalizada entre igreja e estado no Irã, apenas uma divisão na prática, mantida firmemente pelo xá desde o início de seu reinado. Desprezar comunistas é uma coisa — todos no Irã islâmico, com exceção dos próprios comunistas, os desprezavam, ateus que eram —, mas encontrar meios, ano após ano, de acabar com o poder e a influência do clero refletia a ambição do xá para um Irã semissecular ocupar seu lugar entre as mais requintadas nações do mundo.

O clero iraniano estava entre os maiores proprietários de terras do Irã, mas essas terras foram o alvo principal das reformas latifundiárias do xá na década de 1960. Isso poderia ter lhe gerado boa receptividade popular, porém não foi o caso, uma vez que foi bem percebido que as terras para as reformas latifundiárias não provinham das vastas propriedades dos ricos que apoiavam Pahlevi. Em todo caso, a grande maioria dos iranianos é muçulmana antes de mais nada. O xá nunca foi uma figura popular; sempre foi visto como um fantoche dos americanos com um direito muito tênue ao Trono do Pavão.* O ato de enfurecer o clero jamais fortaleceria sua posição no poder. Nas áreas rurais, onde a maior parte dos iranianos vivia, os mulás xiitas plantaram sementes de ódio por Pahlevi, e eles regaram o terreno assiduamente. O restante do mundo pode ter ficado atônito com a recepção que Ruhollah Khomeini recebeu quando retornou ao Irã em 1979, mas qualquer um com uma noção básica da política iraniana já teria previsto o júbilo.

O xá tampouco podia contar com o amor do povo para permanecer no trono. Em vez disso, contava com uma altamente eficaz polícia secreta e com a agência de segurança, a Savak. Os agentes do xá passaram a maior parte do reinado dele apanhando inimigos políticos nas ruas e atirando-os na prisão. Arquivos

---

* O Trono do Pavão, de ouro maciço e adornado com pedras preciosas, anteriormente o símbolo do poder dos xás, pode ser visto no Palácio de Golestan, agora transformado em museu, em Teerã. (N. do E.)

e registros confiscados depois da queda do xá revelaram a dimensão da vigilância durante seu reinado e o quanto as prisões e as execuções sumárias haviam se disseminado. Detalhes de interrogatórios também foram revelados, incluindo métodos de tortura. Carrascos habilidosos dos tempos medievais não teriam superado os torturadores da Savak no quesito crueldade. As piores coisas que podem ser infligidas a um ser humano foram praticadas em meu país sob o governo do xá.

O que aprendi sobre o Irã dos meus pais foi por fontes fora da minha família. Meu pai era capaz de criticar os Pahlevi, mas não com muito ímpeto. Não sabia sobre o pior do que estava sendo feito, e tampouco o xá. É claro, a ignorância do xá era política; a do meu pai, creio eu, era muito mais autêntica.

Posso afirmar isso com imparcialidade? Posso alegar que as histórias do meu pai sobre seu tempo a serviço do xá eram verdadeiras? Até onde ele sabia a verdade? Sei perfeitamente bem que o mundo está acostumado a histórias de filhos contestando o suposto envolvimento de seus pais em episódios chocantes de assassinato e tortura. Sei que filhos que tiveram apenas a versão do pai suspeito ou acusado — em geral uma versão editada — acham impossível acreditar em uma segunda versão, mais sinistra, envolvendo armênios, tchecos, poloneses, gregos, judeus de uma dúzia de nacionalidades, aldeões vietnamitas ou aldeões iraquianos, embora saibam de suas mortes. Sei que o ceticismo é justificado. Contudo, ainda que tivesse sido uma saída simples para ele fugir, após a queda do regime que apoiava, meu pai optou por permanecer no Irã.

Num prazo de duas semanas após o triunfo de Khomeini, os que apoiavam o aiatolá estavam trabalhando numa lista preparada de inimigos — uma lista bem longa — e executando sumariamente alguns desses inimigos em galpões, armazéns e nas ruas das cidades. Muitos foram recolhidos para serem submetidos aos mesmos torturadores que eles próprios haviam habilitado quando estavam no poder. O nome do meu pai não estava nessa lista. Mais tarde, quando exércitos de fanáticos esquadrinharam vilarejos, povoados e cidades por toda a extensão do país à caça de simpatizantes do segundo e terceiro nível de Pahlevi, meu pai não foi alvo. Membros do Basij foram até o subúrbio em que morávamos em Teerã e conduziram investigações sobre pessoas que haviam servido ao xá de algum modo, prendendo todos que tivessem qualquer resquício de cumplicidade na ficha, questionando detalhadamente os vizinhos de pessoas das quais suspeitavam em busca de quaisquer insinuações e sugestões comprometedoras, conduzindo um auto-de-fé dos tempos modernos — mas ninguém teve nada a reclamar quando se tratou do serviço do meu pai aos Pahlevi. Ele servira a seu país lealmente e não tinha que se desculpar por seus atos. Por isso foi deixado em paz.

Ainda assim, é bem provável que meu pai soubesse que certas agências bastante nocivas existiam para lidar com os dissidentes. Devia ter ouvido e notado coisas. Talvez tenha aceitado a repressão aos marxistas sem muita angústia, mas duvido que tenha aprovado a maneira como o clero foi perseguido — é, afinal de contas, um homem de fé. Embora eu tenha dito que meus pais eram capazes de fazer vista grossa quando queriam, quis apenas dizer que eram brandamente negligentes da maneira como muitos de nós, a maioria, somos. Eu não imaginaria que meu pai fez vista grossa no que se refere à Savak. Li a respeito de certos oficiais do exército alemão na Segunda Guerra Mundial voltando de questões no Leste do país, e até mais a leste, em outros países, países conquistados, que nunca mais voltaram a ser os mesmos. O que viram, desejaram nunca ter visto. Será que meu pai teve alguma experiência desse tipo? Acredito que não. Teria sido mais típico de seu caráter ter simplesmente se recusado a especular, a saber. Mas, quaisquer que tenham sido os fatos, não aceitei nem meu pai, nem minha mãe como testemunhas confiáveis do regime do xá, uma vez que tive idade suficiente para fazer perguntas.

Minha família tinha uma vida privilegiada, é verdade. Assim, quando meu pai voltou à vida civil e abriu seu pequeno negócio de eletrônica, não estávamos preparados para uma diminuição no padrão de vida. Os iraquianos atacaram e lançaram suas bombas, e minha família esteve tão em perigo quanto qualquer outra. A drástica diminuição do abastecimento de comida, o racionamento, a miséria — tudo isso nos afetou assim como a milhões de outros iranianos. Entretanto, ao contrário da maioria dos iranianos, tínhamos algo para relembrar com nostalgia. Não havíamos estado entre os milhões que o xá ignorara: aqueles que tinham ficado tanto tempo sem medicamentos porque não podiam comprá-los e sem serviços sociais básicos porque qualquer tipo de assistência que existia tivera de ser distribuída entre os inúmeros desesperadamente necessitados. E, assim, com um passado de privilégios para relembrar, meus pais começaram a imaginar coisas.

Deixe-me avançar dos anos da guerra da década de 1980 até meados da década seguinte. Tenho, agora, 15, 16 anos. A Revolução Islâmica sobrevivera à guerra com o Iraque e se consolidara por todo o Irã. Meus pais podiam ter nutrido a esperança de que os mulás simplesmente se fossem, mas eles haviam esperado trinta anos para governar o Irã e pretendiam ficar no poder para sempre. Meu pai resmungava; minha mãe suspirava.

Numa noite, enquanto estávamos sentados na sala de estar, meu irmão mais novo fazendo seu dever de casa, meu pai lendo o jornal, minha mãe ergueu os olhos da revista banal que estivera folheando para assistir a um programa que acabava de começar na televisão.

É o aniversário da Revolução Islâmica de fevereiro de 1979, e o canal estatal está exibindo sua versão da expulsão de Pahlevi. Enormes multidões haviam se reunido para o regresso do aiatolá a Teerã. E ali está o Pai da Revolução em pessoa, acenando para a multidão extasiada. Agora, o programa exibe imagens da repressão sob o governo do xá. Policiais truculentos perseguem manifestantes pelas ruas. Mulás xiitas são humilhados pelos agentes da Savak. Mães reúnem-se nos portões da prisão de Evin para implorar por notícias de maridos e filhos, os quais julgam mantidos lá dentro. A implacável voz do narrador lembra aos telespectadores sobre a ausência de lei por parte dos capangas do xá. "As coisas eram dessa maneira", afirma o narrador. "Graças a Deus não temos mais que suportar a indignidade de viver sob o jugo de um déspota ateu como o xá Mohammad Reza Pahlevi!"

Minha mãe sacode a cabeça, estalando a língua, enquanto assiste, ficando cada vez mais aborrecida. Quando não pode mais suportar, começa um longo lamento pelo término da era dos Pahlevi. Fala da vida que nossa família costumava ter, da felicidade que havíamos desfrutado. Havia muito mais conforto naqueles dias! Eu ouço, mas não fico convencida. Meu pai, assistindo às comemorações, contrai o rosto, dá de ombros e solta uma ocasional exclamação desdenhosa. Mas diz pouco.

Mais tarde, quando minha mãe vai me dizer boa-noite na cama, eu lhe pergunto sobre os velhos tempos. Sei o que ela irá dizer, mas quero testar até onde ela irá. É uma estratégia um tanto ardilosa da minha parte, confesso. Mamãe senta na beirada da cama e, em pouco tempo, fixa o olhar no vazio, como fazem as pessoas quando recordam o passado.

Fala dos piqueniques nos parques, dos acampamentos nas férias, da abundância de comida no mercado. Conta sobre as festas anuais dos oficiais de alta patente e suas famílias no Palácio Imperial no norte de Teerã, todos convidados pelo xá como uma demonstração de gratidão pela dedicação e lealdade deles. Mesas são montadas ao sol, sob os cedros e abetos vermelhos. Comida refinada e vinho da mais alta qualidade são servidos. Os melhores cantores e músicos da nação entretêm todos esses representantes da elite. Acrobatas apresentam números de tirar o fôlego.

Minha mãe, que adora reuniões sociais desse tipo envolvendo a família inteira, conversa alegremente com as amigas, chama os filhos para perto de si com orgulho e os exibe, recusando elogios à maneira supereducada dos persas, enquanto explode de satisfação por dentro: "Acha que minha filha é bonita? Oh, talvez um pouco. Mas é magra demais, com certeza! Agora, quanto a sua Miriam, ela é uma princesa, tão linda quanto qualquer garota do Irã!". A banda toca uma seleção de músicas populares, as favoritas dela, incluindo sucessos ocidentais. Que dia esplêndido! E lá está o marido dela em seu uniforme impecável, o homem simplesmente mais bonito entre Kermanshah e Zahedan, entre a costa do mar Cáspio e Bandar Abbas.

— Oh, Zarah! Oh, querida! Que tempos gloriosos! Sabe de uma coisa, filha, as pessoas eram felizes nessa época. Éramos todos tão felizes. Tínhamos um rei, um bom rei. Todos adoravam o xá e sua esposa. Uma mulher tão linda, Farah... Tão elegante, tão bondosa. As pessoas costumavam agradecer ao Todo-Poderoso por suas vidas. Uma felicidade tão grande, querida! Tão grande!

Sei que isso é apenas parte da verdade. Alguns iranianos eram felizes, sim; mas muitos, muitos outros não eram. De que modo uma revolução como a de Khomeini poderia ter tido êxito numa terra de pessoas esfuziantes, felizes? É possível que milhões e milhões de iranianos dissessem: "Oh, estamos tão contentes com nossas vidas que queremos desistir de todos os tipos de liberdade e fazer de nosso país um pária entre as nações do mundo para podermos nos sentir ainda mais felizes"? Mas deixo que mamãe continue com suas reminiscências, ganhando tempo e elaborando meu comentário mordaz.

Às vezes desvio os olhos da expressão extasiada dela para observar os pôsteres nas paredes do meu quarto — um quarto que é só meu, agora que minhas três irmãs mais velhas já estão casadas. Uma reprodução de um retrato de Kafka com olhos escuros, luminosos, olha de volta para mim do alto da estante de livros. À direita dele há um retrato pintado de Hedayat, um grande romancista iraniano. Acima deles, um símbolo zoroástrico enfeita a parede, um anjo num círculo de fogo, uma mão erguida abençoando. Um pouco à esquerda de Kafka, coloquei meu pôster preferido de Michael Jackson fazendo seu *moon-walking*, copiado de um original trazido dos Estados Unidos por uma amiga. Na parede atrás da minha mãe há um conjunto de prateleiras nas quais meus suvenires de viagem estão expostos, pois sou uma colecionadora inveterada de quinquilharias de cidades iranianas: uma estatueta de Dario I, de Chiraz, cerâmicas de Isfahan; um pequeno barco de madeira da costa do mar Cáspio. Os enfeites e o símbolo zoroástrico recebem a total aprovação da minha mãe — e por que não, uma vez que é o tipo de objeto que forra, graças a ela, nosso apartamento inteiro? Hedayat ela até tolera, embora a temática dele a preocupe; Kafka é alarmante; Michael Jackson a deixa nervosa.

Mamãe ainda está falando sobre a glória do passado, deliciada com tal oportunidade. Com quem mais pode falar hoje em dia? Meu pai dificilmente ouve suas lembranças desses tempos por mais de um minuto ou dois; não é de seu feitio. Se quer falar sobre os velhos tempos, é geralmente para dar uma opinião política, comparando o sufrágio sob o governo do xá com o sufrágio de faz-de-conta dos mulás, que detêm o poder de veto sobre qualquer coisa que o eleitorado possa aprovar (e também o detinha o xá, mas seus vetos eram "mais sensatos", o que quer que isso signifique... contudo é melhor não mencionar o fato). Minhas irmãs ouvem as recordações da minha mãe vez ou outra; meus irmãos quase nunca. Levando-se tudo em conta, sou a melhor ouvinte, embora nessa noite esteja ouvindo por razões exclusivamente pessoais.

Minha mãe faz uma pausa para recobrar o fôlego e, com todo o egoísmo, sem falar a crueldade, dos meus 16 anos, comento:

— Mamãe, você está sonhando. As coisas não eram assim.
— Sim, querida. Eram. Eu juro.
— Oh, claro.
— Cada palavra do que eu disse. Foi exatamente assim.

Estudo o rosto dela, repleto de um misto de ternura e preocupação por mim. O que seria de uma garota que não quer acreditar em tais histórias? Faço uma careta, mas sei que é maldade persistir. Não há como abalar as convicções da minha mãe sobre a terra da felicidade que antes existiu; a terra do leite, do mel e das festas anuais num palácio. No entanto, em meu coração, digo não. Mesmo enquanto pego a mão de mamãe e a pouso em meu rosto, digo não.

Foi assim que a minha traição começou. Foi como me tornei uma traidora. Não foi ao decidir registrar toda a injustiça, as mentiras, a hipocrisia e a ganância do Irã em que cresci e resolver colocar tudo num dossiê chamado: "A terra pérfida dos mulás pérfidos", mas ao duvidar do que estavam me dizendo. Uma vez que você duvida, há esperança. Uma vez que desconfia, há esperança. Que utilidade têm para alguém as belas fantasias? E que utilidade há nas fantasias feias? Em todas as conversas com adolescentes da minha idade, que estavam fartos, como eu, de homens pomposos nos dizendo o que fazer, pensar, usar e no que acreditar, nunca encontrei um que achasse que tudo seria um mar de rosas se a monarquia fosse restaurada. O que, substituir uma tirania por outra? Não!

Capítulo 17

Estou deitada no cobertor fedorento na cela, torturada por uma ideia tão perturbadora que me faz tremer. Eis a ideia: estou aqui sofrendo não por causa das minhas esplêndidas crenças políticas, mas por causa da minha capacidade de veneração a heróis.

Eu me vejo chegando à universidade no primeiro dia do semestre. Estou apreensiva e empolgada. Oh, as coisas que aprenderei! As pessoas que conhecerei! Como estudarei diligentemente; com que dedicação honrarei meus professores! E eles ficarão tão impressionados comigo — meus professores, orientadores, palestrantes!

— Vocês notaram aquela garota tão inteligente em idiomas? Zarah, acho que é esse o nome dela. Fiquem atentos a ela; chegará longe, aquela garota.

Sou tímida demais para me aproximar de alguém. Fico no pátio debaixo dos grandes e frondosos plátanos com minhas amigas e dou risada. Mas se algum dos professores passa por perto, adquiro uma expressão séria, compenetrada e olho diretamente para a frente, como se alguma poderosa revelação sobre a natureza da existência tivesse me ocorrido.

Logo aprendo as regras do que é ser legal, bacana. Não quero que os professores pensem que sou uma roceira dos confins poeirentos do país. Uso meu lenço um tanto recuado na cabeça, deixando que mais do meu cabelo apareça. Meu lenço propriamente dito está longe do padrão: é escuro, sim, mas tem uma estampa de pequenos pontos azuis e vermelhos. Certifico-me, quando ando pelo pátio ou pelos corredores, de me saracotear; tento mostrar minha sofisticação em meu próprio jeito de andar. A cada vez que cruzo o caminho dos insuportáveis membros do Basij, olho para eles com pena e desdém, esperando que minha insolência seja notada pela elite da universidade.

Entre todas as pessoas que espero impressionar, Arash é a principal. Os alunos bem-comportados, aqueles que não têm nenhuma queixa em relação ao regime, sempre olham para Arash como se ele fosse capaz de tirá-los do seio de suas famílias e levá-los para o inferno, não deixando rastro a não ser a sua risada diabólica. Contudo, para os aspirantes a legais e bacanas, como eu, ele é o Gary Cooper do *campus* — o cara com aquela aura de gentileza em torno de si, mas que, assim mesmo, usa um revólver no cinturão de couro e está pronto para enfrentar os bandidos ao meio-dia. Não preciso realmente contar com Hollywood para um modelo de comparação: Arash é, na realidade, um herói ao estilo da grande tradição dos heróis persas. É Rostam em sua ousadia e coragem; é Dario I em seu régio desdém pela mesquinhez de príncipes de menor importância; é Omar Khayyam em sua satírica desconsideração pelas convenções e protocolos; é Hafiz em sua bazófia romântica.

Eu o adoro.

Um dia, reúno toda a coragem de que sou capaz e me aproximo dele no corredor. Fico por perto enquanto ele conversa com outros alunos mais velhos do que eu. Surge uma oportunidade de dizer algo que mostra de que lado estou politicamente e exclamo algo não tão impressionante quanto: "Morte aos mulás!", mas destinado a transmitir minha profunda capacidade de reflexão e surpreendente inteligência. Arash olha para mim com ar divertido; os universitários mais velhos me observam com moderado desprezo. Alguns dias depois vou a uma reunião política no *campus*, e Arash está presente. Quando vê que me aproximo depressa e ocupo um lugar, vira-se em sua própria cadeira e sorri para mim por sobre o ombro. Afasto um pouco mais para trás o lenço na cabeça, adquiro minha expressão antirregime mais veemente e ele ri alto. A humilhação percorre meu rosto feito fogo; sinto-me como se pudesse me desmanchar em lágrimas a qualquer momento, porém, de algum modo, mantenho-me firme na cadeira.

Com persistência, passo a conhecer Arash melhor, e ele já está bem mais preparado para me tolerar. Conto-lhe sobre todo o meu desprezo pelo regime e o grau que alcancei na minha defesa por mudanças radicais.

— Grandes planos — comenta ele, ainda divertido. — Sabe, não esperamos mudar muita coisa. Umas poucas coisinhas desta vez, mais algumas da próxima. Você fala como um daqueles garotos que se alistaram para o martírio na guerra... aqueles garotos que mal podiam esperar para morrer pela causa. Vá mais devagar, pequenina.

Assim, vou mais devagar. Minha retórica antirregime fica mais calma. Digo às minhas amigas, as antigas do colegial e novas da universidade, que "nós" (eu e todas as pessoas mais importantes do movimento) queremos mudar apenas umas poucas coisinhas desta vez, mais algumas da próxima. Não somos ativistas políticos, digo; não somos mártires. Deus sabe como minhas amigas encararam essa nova postura; mas, seja como for, elas agiram com bondade o bastante para não me dizer.

Apesar de adotar essa nova postura de extrema tranquilidade, ainda sigo Arash feito um cãozinho, parando onde ele para, retomando o passo quando ele o faz. Qualquer observador poderia ver como estou encantada. Minha adoração é romântica, é verdade; não é que eu espere ir para a cama com Arash, casar com ele e criar um bando de crianças radicais. Mulheres (e não os homens) são capazes de amar intensamente sem se renderem por completo ao erotismo. Ou se o complemento erótico está presente, as mulheres conseguem mantê-lo sob controle, desfrutando a pura emoção de amar, com beijos e abraços mantidos em suspenso. As mulheres não conseguem amar assim para sempre — cedo ou tarde, todas querem tocar e ser tocadas —, no entanto podem manter esse amor platônico por bastante tempo.

Agora, chego à parte da minha veneração a Arash que me inquieta. E se ele fosse um sujeitinho feio com grandes dentes protuberantes e que falasse cuspindo? Não eram sua boa aparência e postura byroniana parte da atração que exercia? E, espiritualmente, eu ficaria tão apaixonada se ele fosse indiferente ao sofrimento alheio? Não era sua gentileza boa parte de seu encanto? Era verdade, talvez, que eu visse nele o pai ideal, não mais bonito do que o meu pai (bem, poucos homens são, com toda a sinceridade), mas um pai pelo qual eu pudesse me apaixonar? Sabe, este é o problema em se ler um pouco de Freud — você começa a ver dez motivos possíveis onde antes havia apenas um.

Três dias atrás eu estava farta de Arash e fervendo por dentro com escárnio por suas aves, poemas e chamados para manifestações. Agora estou apaixonada outra vez. O que, afinal, sou eu? Apenas um caule fino que se curva com o vento? Com certeza, há uma essência em mim, não? E se verdadeiramente há uma essência em mim, Arash deve estar lá, não é mesmo? Ele foi preso várias vezes e, portanto, os interrogadores serão impiedosos com ele. Ainda assim, de algum modo, ele encontrou forças para me deixar uma mensagem de encorajamento. Se não consigo encontrar forças para mais nada, ao menos vou honrar a coragem de Arash.

Estou deitada aqui, chorando baixinho e, então, meu pranto cessa e algo intenso surge em minha mente — um foco, uma moldura que se encaixa em torno dos meus sentimentos. Eu sabia o que estava fazendo. Sabia que estava arranjando problemas. Eu sabia. Não era apenas Arash; ele emprestou a aura a tudo o que eu estava vivenciando, mas ele não era a essência que a aura circunda. Existe uma Zarah no âmago do meu ser. "Porque ouça, ouça!" — estou falando alto comigo mesma agora — "Ela sabe que eles a deixaram fraca, derrotada e patética, mas isso é apenas dor e medo. Todos sabemos que dor e medo funcionam. Todos sabemos que tortura funciona. Que grande novidade há nisso? Está certo, você a torturou; ela teria dito qualquer coisa para fazer você parar. Ela poderia fazer o mesmo com você e qualquer um pode fazer o mesmo com qualquer pessoa. Contudo, se um dia ela sair daqui, terá medo, é verdade, e talvez não saia mais às ruas e comece a protestar outra vez. Assim mesmo, ela não acredita numa única palavra do que você quer que ela acredite! Ela não acredita numa única palavra disso, seus mentirosos!".

Estou enlouquecendo, mas é ótimo. Estou tão maluca quanto o meu querido louco. Falo sozinha na terceira pessoa. Crio pequenas fantasias. Não vai demorar e estarei gritando o nome de alguém, algum nome de um amante que me traiu em alguma fantasia, algo semelhante a Leila.

Levantando-me, aproximo os lábios da grade do ventilador.
— Sohrab? Ouça, você quer falar sobre Leila?

Meu louco não responde. Talvez esteja em um de seus acessos de mau humor. É uma pena, porque, agora, temos uma afinidade ainda maior. Somos ambos loucos. Fico irritada com o fato de ele não responder. Tenho a sensação de que eu poderia dizer coisas extraordinárias no momento. Minha mente está perfeitamente lúcida e insana ao mesmo tempo. Com certeza, é o que acontece quando se enlouquece. A pessoa acredita que apenas ela pode ver as coisas com clareza e que as demais à sua volta vivem numa névoa.

Oh, mas essa maravilhosa clareza louca de pensamento está se desvanecendo ainda enquanto estou aqui à espera de que Sohrab responda. Estou ficando infeliz e sofrendo outra vez. Foi apenas uma fuga passageira, a maravilhosa loucura.

Sento-me outra vez no cobertor fedido, enxugando as lágrimas nos olhos. Estou fraca novamente. Preparada para implorar aos guardas, ao interrogador: "Sejam bons comigo. Não sou uma ameaça. Sou fraca e repugnante, feito um verme. Se quiserem que eu rasteje e me retorça no chão como um verme, é claro que o farei. Digam o que querem que eu faça. Não importando quanto seja ruim, eu o farei".

Os grandes pensadores, os grandes filósofos, querem que acreditemos que o sofrimento enobrece: ele faz de você uma pessoa melhor, constrói o caráter. Bem, tenho de dizer aos grandes pensadores algo mais que é verdade: o sofrimento corrompe uma pessoa. É ótimo se ela já tem caráter, sabedoria e coragem; mas, se não tem, o sofrimento não criará essas coisas em seu coração e alma. Ele consumirá a pouca coragem que ela tem e, então, não lhe restará nada. Ela vê o homem com o machado e o capuz na cabeça. O cepo de madeira está à sua frente. "Curve seu pescoço," ordena o carrasco através do capuz numa voz abafada. "Curve seu pescoço". Nada poderá salvá-la e, portanto, é melhor que ela morra com dignidade. Só que não lhe resta dignidade alguma. Onde havia dignidade, há apenas medo gritando por socorro, como ratos numa gaiola guinchando por liberdade. O sofrimento não a fortaleceu. Ela olha para o carrasco; vê o brilho da lâmina. "Curve seu pescoço", ordena ele. Mas, em vez disso, ela lhe implora que ele a poupe, que a perdoe. "Não eu!", suplica. "Não eu. Por favor, não eu!"

Capítulo 18

Somos, em minha família, o que se poderia denominar "liberais", todos nós: meus pais, meus irmãos mais velhos, minhas irmãs, até meu irmão mais novo. Também o são meus primos, sobrinhos e tios. Não gostamos de dogmas, não confiamos em ideologia, queremos que todos sejam livres. Aceitamos normalmente a ideia de rapazes e moças se beijarem e trocarem carícias antes do casamento e não nos importamos muitos se os beijos e as carícias não conduzirem ao casamento. E todos podem usar o que desejarem. Se você quiser ir fazer compras no Bulevar Revolução de biquíni, sinta-se à vontade. Poderá não nos parecer algo de bom gosto, mas vá em frente, sirigaita. Todos podem ler o que quiserem. Somos, principalmente, contra a censura.

E somos a favor da separação entre igreja e estado. Que os pastores e mulás façam a lei dentro de suas catedrais e mesquitas e que aqueles que lá entrarem obedeçam às leis das catedrais e mesquitas. Do lado de fora, que muçulmanos, cristãos e judeus respeitem as leis de um Estado secular. Somos a favor do capitalismo, sim, mas com uma face aceitável, ou pelo menos com uma máscara razoavelmente atraente; assistência social, sim; tolerância, sim. Não somos diferentes da maioria dos iranianos de classe média em nossa política; a maioria é como nós, embora seja cautelosa em expressar sua política, exatamente como nós somos — ou, ao menos, alguns de nós.

Contudo, também há Ellie, minha prima, 14 anos de idade, mas com mentalidade de 40.

Ellie é uma verdadeira "criança da revolução". Como eu, passou a vida inteira sob o governo dos mulás. Mas, no caso de Ellie, a mensagem dos mulás penetrou.

— Zarah — avisou-me ela quando eu estava namorando Behnam —, tome cuidado para não fazer sexo com seu namorado antes do casamento. Você irá para o inferno.

— Zarah — repreendeu-me ela quando me viu dentro de casa sem a burca, usando um jeans e uma blusa que deixava a barriga à mostra. — Deus pode ver aqui dentro.

Ser repreendida por uma menina de 14 anos pode ser encantador, ainda que algo de enlouquecer ao mesmo tempo, mas Ellie não tinha intenção de encantar ninguém. Sua missão era salvar almas, e ela não tinha dúvida de como fazê-lo porque seus professores na escola, seus professores no rádio e na televisão, seus professores na mesquita haviam lhe ensinado um programa simples de salvação: quando visse a Lei de Deus sendo ignorada, deveria protestar. O fervor de Ellie tornou-se tão temido por toda a nossa grande família que nos esforçávamos para agir de acordo com suas regras sempre que ela estava por perto. Não nos preocupava a possibilidade de que ela nos denunciasse ao Basij ou algo parecido; ela nos amava e jamais teria lhe ocorrido colocar-nos em apuros. Não, tínhamos simplesmente medo de sua cara amarrada e reprimendas e, assim, evitávamos contrariá-la da maneira como as pessoas são complacentes com um avô crítico. Os próprios pais dela faziam o mesmo. Tracei um limite, permitindo-me não usar o lenço na cabeça dentro de casa, mas matinha o restante de mim coberto o máximo que podia para apaziguá-la. Não fazia nenhuma crítica ao regime quando Ellie estava por perto. Se alguém que lhe era importante estivesse falando na tevê — algum reverenciado aiatolá, algum fanático de barba grisalha —, eu me continha para guardar minha opinião para mim mesma.

Às vezes eu a estudava com um misto de horror e fascínio, enquanto ela sentava quieta, lendo devotadamente trechos do Alcorão, sua expressão de clara e perfeita fé. Observava-a em outras ocasiões, enquanto ela ajudava minha mãe na cozinha: ela, uma adolescente, e minha mãe, uma matrona na casa dos 50, e nada para diferenciar ambas no que dizia respeito à conscienciosa atenção às necessidades do lar. Ellie estava pronta, embora ainda fosse uma criança, para assumir o papel da esposa obediente e severa, mas afetuosa mãe. Aprendera sozinha a trabalhar rapidamente na cozinha com uma mão, usando a outra para manter o lenço firmemente amarrado sob o queixo. Essa é uma habilidade dominada pelas esposas dos mais devotados apoiadores do regime. Para mulheres como minha mãe, deixar o lenço afrouxar enquanto se trabalha com ambas as mãos é perfeitamente aceitável.

Em nossa casa, enquanto cresci, havia tantas opiniões em comum que podíamos contar com um mínimo de gestos e expressões no lugar de arroubos de emoção. Víamos no noticiário que alguma pobre jovem fora sentenciada à morte por ter tido um caso amoroso e sacudíamos a cabeça, ou cobríamos os olhos com a mão, ou apenas dávamos um profundo suspiro e murmurávamos algo como "Terrível!". Vivíamos num círculo de simpatias compartilhadas. Embora eu estivesse bem acostumada às recriminações e aos sermões de Ellie, acho que devo ter acreditado que, no fundo, ela ainda era uma de nós. Ela podia ter pontos de vista maçantes sobre pecado e redenção, no entanto jamais aprovaria os meios mais brutais do regime.

O problema era que aprovava. Práticas que eram tão impiedosas (e faziam tão pouco sentido) quanto as medievais no período da Inquisição pareciam perfeitamente justas a Ellie. Aceitava, por exemplo, a permissão legal para que um homem da família confirmasse qualquer acusação de estupro que uma mulher pudesse fazer — um completo absurdo. E, ainda assim, ela não era insensível, nem um pouco. Era uma menina meiga que se preocupava com pássaros de asas feridas e cães vira-latas sobrevivendo apenas com o que conseguiam encontrar no lixo e nas sarjetas. Em muitos aspectos, na maioria deles, aliás, era uma manteiga derretida. Ellie ia até o meu quarto e sentava na cama, afagando minha mão, tocando meu cabelo e dizendo intermináveis e afetuosas tolices. Mas, se eu fosse cruel o bastante para fazer experimentos, como fiz com a minha mãe quando lhe pedi que recordasse as glórias do regime do xá, e perguntasse a Ellie sobre infâmias específicas perpetradas por seus adorados mulás, ela me alertava com o jeito bondoso de uma avó:

— Por favor, acredite, professores sabem de muitas coisas que pessoas comuns não sabem. Eles nos dizem o que é o melhor, Zarah.

A abordagem de questões concretas mais próximas da vivência de Ellie a perturbava, porém sem abalar seriamente sua fé nos mulás. Uma tia nossa, divorciada de um marido intoleravelmente agressivo, perguntou a Ellie, enquanto eu ouvia, se ficava feliz com a maneira que a "gente dela" a impossibilitava de ver os próprios filhos — pois essa é a lei no Irã. Uma mulher pode obter o divórcio, mas tem de dizer adeus aos filhos. Ellie vira nossa pobre tia sofrendo terrivelmente com a falta dos filhos, ansiando pelo toque de uma mão. E, observando de um jeito clínico, pensei comigo mesma: "Pois bem! Queime as pestanas para sair dessa agora, queridinha!". Bem, Ellie queimou as pestanas, de fato; pude ver o conflito em seus olhos. Ali estava a tia dela, com olheiras profundas, arrasada pela dor; jamais haveria melhor razão para Ellie murmurar algumas reservas. Todavia o que finalmente disse era o que talvez devesse ter sido previsto — uma versão do aviso que me dera:

— Sobre essas coisas não posso saber enquanto não for adulta. Mas meus professores me dirão. Vou perguntar.

Os professores, os professores!

É a isso que se resume tudo — à escolha dos professores? Meus professores fizeram toda a diferença do mundo em minha vida, e acho que o mesmo se podia dizer em relação a Ellie. Rezo a Deus, porém, para que haja mais do que isso na formação de uma pessoa, pois quem poderia deixar de notar que os professores mais zelosos são atraídos pelos dogmas? Mostre-me um professor, por favor, que às vezes é acometido pela dúvida, que talvez responda sua pergunta dizendo: "Terei que parar um pouco e pensar sobre isso". Dou como exemplo meu adorado Omar Khayyam. Ele passou boa parte de sua vida em busca da certeza, apenas para concluir que a busca não apenas é inútil, mas distrai uma pessoa do vigor da vida à sua volta.

Caro Omar, debaixo de seu galho de árvore com sua jarra de vinho tinto das uvas de Chiraz, seu filão de pão e sua garota. Que as pessoas do meu país, que vivem de acordo com as certezas dos mulás, recobrem coletivamente o juízo, encham cestas de piquenique e rumem para os parques e bosques com suas esposas, namoradas, maridos e namorados. Que se beijem e pulem de alegria até o anoitecer. Que seus filhos adormeçam sob as estrelas e acordem se perguntando que alegrias o dia trará. Que Ellie acorde com o chador caído em torno dos ombros e que sorria diante do toque do sol em seus cabelos.

Oh, vá sonhando, Zarah! Mas é um lindo sonho.

Capítulo 19

Coloco no vão o pedaço de papel verde para mostrar ao guarda que preciso ir ao banheiro, mas ele não está prestando a menor atenção. Às vezes, coloco o papel verde para fora apenas para variar o meu dia, porém não agora. Ando de um lado ao outro da cela — três passos curtos para um lado, três passos de volta — segurando a região da bexiga. É a quarta vez nessa noite que preciso fazer xixi. Há algo errado com os meus rins? Estou adoecendo aqui? Com certeza os guardas podem estender um mínimo de tolerância. Não é como se eu fosse tentar fugir correndo a caminho do banheiro, dominar os guardas armados e roubar as chaves de meia dúzia de portas. Só quero fazer xixi!

Começo a gemer enquanto ando, ansiando por alívio. Se o guarda não vier logo, terei de urinar no chão da cela. Talvez seja isso que querem que eu faça, a fim de poderem escarnecer. Por que se dão ao trabalho? Submeterem-me a mais humilhação é assim tão grande feito? Não sabem como é fácil reduzir um ser humano ao nível de um animal? Não é algo que requer habilidade ou um grande discernimento. A dignidade é a primeira coisa de que você abre mão quando tem de fazê-lo. Não toda de uma vez, mas pouco a pouco. A dignidade se torna um luxo que você não pode mais sustentar, como perfumes, sabonetes aromáticos e batons de Paris. Você acaba se arranjando sem ela.

— Por favor! — suplico com um gemido, não tanto ao guarda, porém mais a Deus. — Por favor, por favor!

O suor brota em meu rosto por causa do esforço para manter o controle. Por favor, deixe-me preservar ao menos isto, a sensação de que posso manter minha cela limpa, apenas isto me resta! Mas mesmo essa necessidade, entretanto, parece estar perdendo rapidamente sua força. Faria diferença se o chão da cela estivesse molhado? Como é possível que a cela tenha um cheiro pior, aliás? Sinto a vontade de me render se apoderar de mim, mas, ao mesmo tempo, sei que quando estiver sentada aqui com uma poça da minha própria urina em torno de mim, terei perdido algo que quis preservar. Não é nem sequer dignidade. Acho que é algo que deve ter a ver com a ideia de lugar que me pertence. A cela me pertence.

Mesmo quando eles acabam comigo depois de um interrogatório, volto para este cubículo e ele é meu. Quando a porta é fechada, o que resta de mim fica protegido por estas paredes de concreto. É horrível ter de admitir, mas este lugar é o meu lar e quero que seja um lar limpo. Deve ser coisa da dona de casa dentro de mim. Se tivesse chance, eu colocaria um pequeno vaso de flores no canto e um capacho na porta. Varreria aquele lugar uma vez por dia, talvez duas, e uma vez por semana ficaria de joelhos com um balde de água quente e sabão e esfregaria o chão de cimento. Colocaria um pôster na parede, talvez aquele de Kafka do meu quarto no lar que já tive. Ou talvez não o de Kafka. Adoro olhar para a imagem de Kafka quando estou a salvo, mas aqui não seria certo. Este lugar é parecido demais com os lugares sobre os quais ele escreveu. Mas, por favor, que a minha cela permaneça limpa!

Essa é a verdade sobre mim. Sou uma garota simples, da classe média, cheia de tolices da classe média. Quero um marido, filhos e uma bela cozinha com um processador de alimentos, uma torradeira, uma grelha elétrica e uma daquelas chaleiras especiais projetadas por algum gênio, feitas de aço inoxidável e parecendo pertencer a uma galeria de arte. Quero um fogão com um bom forno para cozinhar — bem grande, bem maior do que preciso, branco por fora e cheio de luzinhas vermelhas que dizem o que ele está fazendo e há quanto tempo as coisas estão assando. Quero um bonito aparelho de jantar e taças para sobremesa. Copos também, copos de cristal para vinho, e um jogo de panelas de vários tamanhos. É maluquice eu ter esse desejo de uma bela cozinha porque não sei cozinhar e não sei nada sobre compras de mercado para uma família ou até para mim mesma. Ainda assim, a linda cozinha está lá no lar dos meus sonhos, à espera do dia em que eu tiver aprendido a cozinhar e escolher um homem que dará um excelente marido, em vez de um tipo executivo com a cabeça cheia de negócios — é em Behnam que estou pensando, que poderia ter me feito muito feliz se tivesse se empenhado apenas um pouquinho mais.

Estou cerrando os dentes agora no esforço de segurar o xixi. Curvando-me, aperto os braços em torno da barriga. Acho que talvez eu consiga aguentar por mais uns dez segundos e, então, usarei o chão mesmo e que o meu lar vá para o meio do inferno!

Dez segundos se passam, e muitos mais, centenas mais, até que o guarda venha até a cela. Quero matá-lo. Quero afundar as unhas em seu rosto e deixar ferimentos profundos, sangrentos. Tão logo ele abre a porta, tenho de apertar os lábios para conter as palavras que estão na ponta da língua — palavrões horríveis, palavrões escabrosos que não uso com frequência. Não posso insultá-lo. Ele pode facilmente me empurrar para dentro da cela outra vez e fechar a porta.

— Quantas vezes você vai ao banheiro por dia? — pergunta ele. — Esta é a quarta vez. Não mais.

— Desculpe — digo humildemente. — Não estou me sentindo bem.

— Bem, é uma pena. Nós não convidamos você para vir para cá. Você se convidou.

Tão logo me fecho no cubículo do banheiro e alivio a bexiga dolorida, noto uma mensagem na porta. É de Arash. Nem sequer tento lê-la. Apenas desfruto a alegria de fazer xixi. Finalmente, torno a olhar para a mensagem e a leio. Ela diz: "Seja forte. B está tentando por você". O "B" refere-se a "Behnam", como percebo de imediato; mas, então, por alguns segundos, não tenho total compreensão da mensagem. De repente, meus olhos se enchem de lágrimas; não poucas, uma enxurrada delas. Meu rosto está tão molhado que sinto as gotas deslizando copiosamente pelas faces e escorrendo do queixo. Oh, nunca chorei desse jeito!

Recolocando a venda, saio do cubículo e volto até o guarda. Ele pode ver as lágrimas escorrendo por baixo da venda. Inesperadamente, toca meu ombro, bem de leve.

— Trarei você ao banheiro outra vez esta noite — diz num tom manso. — Se você precisar, eu a trarei.

— Obrigada. Obrigada.

Paro de chorar, enquanto sou escoltada de volta à cela. Mas, uma vez que a porta é fechada e coloco a venda para fora pela abertura, dou total vazão à emoção que me domina. Nem sei de onde está vindo tudo isso! Então, Behnam está tentando interceder por mim? Que bom! Mas se tivesse tentando me ajudar um pouco antes, eu não teria tanto pelo que chorar. As lágrimas descem em profusão por meu rosto, como se um grande órgão do meu corpo, algo maior do que o coração ou o fígado, estivesse bombeando um imenso volume de água e canalizando-os até os meus olhos.

Quando as lágrimas, enfim, cessam, permaneço sentada no cobertor malcheiroso com a cabeça raspada e o rosto que deve parecer o de um espantalho debaixo da chuva. Se Behnam pudesse me ver agora, talvez pensasse duas vezes antes de tentar fazer algo por mim, de tentar me tirar desta prisão do inferno. Ainda pensa em mim como sua namorada? Pobre homem, que namorada! Essa gente de Evin arrancou de mim toda a graciosidade digna de uma namorada. Não desejaria uma criatura feia como eu a nenhum homem do Irã.

Mas o que exatamente Behnam pode fazer? Tento ponderar isso com sensatez. Posso realmente começar a acreditar que existe um meio de eu sair deste lugar? É possível? Behnam conhece muita gente poderosa — tem contatos dos mais importantes —, no entanto estou relutante em plantar a semente da esperança no coração, pois sei que Behnam sempre pensará em sua reputação em primeiro lugar caso tenha de escolher entre ela e o altruísmo de ajudar uma inimiga do regime. Não colocará em risco seus negócios com essa gente intolerante que governa meu país. E há a mãe dele. Ela sempre me considerou inadequada para seu filho. Sou muito voluntariosa para seu querido garoto, e não sei cozinhar, costurar, não tenho interesse em aprender nada dessas coisas que uma mulher deve saber para manter seu homem feliz e satisfeito. Ela não sabe sobre a casa dos meus sonhos com sua cozinha esplêndida. Não sabe quanto quero olhar para o rosto do meu próprio bebê e ver suas mãozinhas se estendendo em minha direção. Ela vê apenas uma garota metida declamando citações de livros dos quais não gosta nem um pouco. Bem, é uma pena para mim. Se ela acha que o filho pode arranjar coisa melhor, ele que vá procurar.

De qualquer modo, por que Arash deixaria uma mensagem dessas para mim se ele nem sequer gosta de Behnam? Cada um deles costumava desdenhar quando eu mencionava o nome do outro. Behnam chamava Arash de "camponês" — acho que é porque Arash é de fora de Teerã, e os supersofisticados cidadãos de Teerã fingem acreditar que todo o Irã para além de sua cidade é uma terra selvagem povoada por homens das cavernas. Uma vez, os dois até chegaram ao extremo de trocar socos. Nem me lembro qual foi o motivo. Provavelmente Arash estava falando sobre a corrupção e a dissimulação do regime e Behnam deve ter feito algum comentário sarcástico. O estranho é que, no fundo, Behnam respeita Arash a seu jeito. Sabe que Arash é muito mais corajoso do que ele. Sabe que jamais arriscaria o que Arash arrisca diariamente.

Oh, mas se Behnam ainda me quer, por que devo fingir que isso é indiferente para mim? Pelo amor de Deus, se ele me quiser, pode ficar comigo. Eu me casarei com ele. Se ele me tirar daqui, terei seus filhos um atrás do outro, usarei chador e, por baixo, vestirei Louis Vuitton e lingerie rendada, exatamente como as esposas dos amigos dele fazem. Irei às festas imbecis dele, ficarei na companhia das mulheres e lhes contarei como estou extasiada com o fato de meus filhos terem aprendido a recitar passagens do Alcorão, serei só elogios quando lhes contar como Behnam é um devoto seguidor de Maomé. Farei qualquer coisa por Behnam, qualquer coisa do mundo — nunca tornarei sequer a mencionar política pelo resto da vida se ele me tirar daqui. Não me importo nem um pouco com o fato de detestar a mim mesma. Que eu me deteste até explodir, não me importo!

Mais um dia sem interrogatório. Não quero ser submetida a mais um interrogatório; assim, por que estou tão inquieta? Devia estar contente. O problema é que cada parte de mim está cansada de esperar pelo que quer que vá me acontecer. Cada parte está cansada à sua própria maneira. As pernas e os braços parecem feitos de espaguete mole; não há ossos neles, nem sangue. Os pés não estão apenas cansados como estão ficando com as solas finas demais por falta de exercício. Andar de um lado ao outro da pequena solitária não lhes propiciará o que precisam. A sensação que tenho é de que a pele do meu rosto é como a de uma dessas avós bem idosas que se veem nas ruas, tão pálida e engelhada que está.

Sentada, olho em torno da cela, alternando entre as paredes, a porta e o chão. Meus olhos estão famintos. Anseiam por algo com que se banquetear. Gostaria que um inseto me visitasse — uma formiga, um mosquito, uma mosca, uma barata, qualquer tipo de inseto, desde que eu pudesse usar minha visão e notar coisas sobre o inseto que meu cérebro, então, assimilaria. É estranho, mas quando uma pessoa fica sentada sem estímulo para a visão ou a mente e nada para fazer os músculos trabalharem o corpo a culpa, como se fosse ela que tivesse optado pela imposição dessa inércia aos sentidos e aos músculos. Assim, quando me levanto e dou esses três passos curtos para um lado e três passos curtos para o outro é porque algum ser zangado e impaciente dentro de mim está dizendo: "Ei, você! Faça alguma coisa! Caminhe! Leia um livro! Vá ver um filme! Qual é o seu problema?".

Nenhum inseto amistoso aparece para despertar meus sentidos e, assim, permito que minha mente se refestele com sua única recreação: imaginar um assassinato. Esses pensamentos me ocorrem diariamente. Sempre resisto por algum tempo e acabo cedendo, como uma pessoa que sabe que é um pecado encontrar satisfação erótica sozinha, promete parar e não consegue, torna a prometer e, mais uma vez, quebra a promessa. É sempre o homem gordo a minha vítima. Às vezes, ele entra na cela sozinho, escarnecendo e zombando, pensando que estou totalmente à sua mercê. O que não sabe, porém, é que encontrei um meio de me armar com um grande martelo, tal como aqueles que vi alguns operários usar quando substituíam o calçamento de pedra na rua. Sim, é um martelo enorme que tenho escondido junto às costas e, enquanto observo o gordo se aproximar (pois me recusei a usar a venda), estou ciente do grande peso da minha arma, ciente de seu poder letal. Mas dou algum sinal da arma que estou segurando com ambas as mãos, fora do raio de visão desse porco? Não, nenhum. Mantenho uma expressão de menina apavorada que o delicia ainda mais. Simulo uma tremedeira pelo corpo inteiro. Pareço estar dizendo: "Oh, céus, o que posso fazer, o que posso fazer? Minha situação é, bem, desesperadora! Oh, céus, oh, céus!". Então, quando ele está perto o bastante para que seu hálito imundo me enoje, o ar de triunfo dos mais repulsivos em sua cara, ergo o martelo escondido atrás de mim e acerto o crânio de melão dele com toda a força. Por um momento ele parece ileso, apenas me observando com uma expressão confusa. Mas espere, espere! Porque, agora, eu vejo! Vejo como sua cabeça se parte ao meio e a nojenta gosma lá dentro verte pela enorme ferida, escorrendo até o peito dele e sua barriga suína!

Oh, é mais maravilhoso do que qualquer coisa! Mais, mais, mais maravilhoso!

Mas doentio.

Um minuto depois que a fantasia termina, estou desgostosa demais comigo mesma, tomada por uma intensa repulsa pelo meu ser.

Basta disso, Zarah! Basta!

Acabei de tomar banho, meu terceiro no que calculo que sejam as três semanas que estou aqui. A água na cabeça me fez gritar de dor porque andei coçando o couro cabeludo raspado, coçando-o incontrolavelmente, e ele está cheio de arranhões e esfoladuras.

É preciso depilar as pernas. Odeio ficar com as pernas peludas. Isso me incomoda ao extremo. Ocorre-me que eles — os sujeitos que dirigem este lugar degradante — provavelmente sabem quanto tempo leva para que uma garota como eu se deteriore fisicamente e se torne um farrapo humano. Talvez tenham um gráfico em alguma parede e assinalem itens conforme os notam: perdendo peso; tornando-se fatigada, faminta; ficando com a pele seca, áspera; coçando a cabeça raspada até esfolá-la; músculos virando geleia; solas dos pés afinando; ciclo menstrual interrompido; pelos crescendo nas pernas. E o que vem a seguir? Meus dentes cairão?

Sento-me, afundando o rosto nas mãos, perguntando-me se, algum dia, tornarei a ser bonita. Estava acostumada a ser bonita. Era tão bom! Sei quanto é fútil desejar ter a minha beleza de volta, mas era minha e era adorável. E eu nunca fui vaidosa demais, nunca fiquei me embonecando e me sentindo linda. Bem, na verdade, eu me sentia bonita de vez em quando, contudo apenas pensava na aparência como boa sorte, não como algo que me tornasse uma pessoa melhor.

Onde está Sohrab? Por que não está fazendo nenhum ruído lá em cima? Eles o levaram para interrogatório? O que podem esperar descobrir de alguém que está preso aqui há dez anos ou mais? Ele não sabe nada do que está acontecendo no mundo externo. Não é possível que o levem a uma cela para torturá-lo pelo simples prazer de fazê-lo!

Oh, onde está o meu louco?

Fechando os olhos, sussurro uma prece por Sohrab. Peço a Deus que o poupe de mais espancamentos, mais torturas. Peço a Deus que traga meu pobre louco de volta.

Preces, preces, preces! Existe algum arquivo imenso no céu, ou no inferno, onde todas as preces daqueles que imploram e suplicam são mantidas? Aqueles que rezaram e suplicaram sem esperança? Preces esquecidas em pastas de arquivo, acumulando pó?

Viro minha cabeça de um lado para o outro, o rosto nas mãos, as mãos repousando sobre os joelhos erguidos.

Capítulo 20

Quem nasce na província de Kermanshah, no oeste do Irã, ainda é iraniano, mas, com toda certeza, um iraniano de um tipo diferente. Kermanshah e as duas províncias vizinhas do Curdistão e de Zanjan são o lar da maioria dos 5 milhões de curdos do Irã. O fato de a maioria dos curdos do Irã estar confinada ao oeste convém perfeitamente a todos os iranianos não curdos, pois os curdos são considerados esquisitos de alguma maneira e estorvos de outra. Meus pais são curdos, ambos nascidos em Kermanshah e, portanto, sou curda também. Fico contente em ser considerada esquisita e um estorvo.

Os curdos compõem o grupo étnico mais antigo do Oriente Médio, na parte do Irã. Estão ali há 4 mil anos e suas raízes remontam a solos criados por deuses que viviam no fogo e governavam por meio de magia. Tais lugares ainda existem no mundo; lugares onde visitantes, alheios a tudo isso, repentinamente sentem algo estranho, como se o ar acima desse solo vetusto estivesse repleto de sussurros fugazes. Essa magia dos deuses do fogo ainda corre no sangue dos curdos; e, embora eles sejam muçulmanos na maioria, outros muçulmanos consideram o islamismo curdo primitivo e cheio de impurezas pagãs. E, não bastassem as impurezas pagãs, os curdos são sunitas, o que os torna ainda mais suspeitos aos olhos da maioria xiita do Irã — mais ou menos da maneira que uma minoria protestante de um país pode ser vista com suspeita por uma grande maioria católica.

Foram os curdos que me deram o coração e a alma com os quais tenho podido contar durante todos esses anos. Em especial, foi a minha avó, a mãe do meu pai, quem me ensinou o idioma curdo e arraigou em minha consciência as crenças e os costumes antigos dessas excêntricas pessoas. Devo admitir que muitos desses costumes e crenças eram superstições (como colocar sal secretamente nos sapatos de um visitante cujo retorno à sua casa era indesejado; ler a sorte correndo os dedos pelo cabelo do indivíduo; dormir, quando grávida, com um livro sagrado debaixo do travesseiro; fazer festas de casamento durar precisamente sete dias, pois o sete é considerado um número sagrado), mas tudo foi parar em meu coração.

Passei meus primeiros anos buscando a companhia da minha avó, tanto em Teerã, onde ela morava durante parte do ano com a minha família, quanto nas visitas a Kermanshah, a grande cidade da província de Kermanshah, quando ela ficava com a família do meu tio. Entre seus netos, eu era a única que encontrava o tipo de deleite em suas histórias e no idioma que ela esperava transmitir. Acho que isso se deveu ao gosto por idiomas que deve ter estado armazenado em meus genes quando nasci, à espera de exercer sua influência em minha vida.

O que desencadeou esse gosto foi o fato de eu me dar conta de que a mesma mensagem podia ser transmitida em diferentes palavras de uma língua diferente. Não recordo o momento em que percebi isso, entretanto sei que deve ter sido num dia e numa hora em que comparei algo do idioma da minha avó e, assim, descobri esse fato surpreendente. Uma romã em farsi ainda era uma romã em curdo, apenas seu nome saía dos meus lábios especialmente alterado para a minha avó ouvir.

Vovó sempre foi viúva ao longo de todos os anos de nossa convivência. Seu marido morrera quando ela ainda era muito jovem, e os filhos lhe foram tirados para morar com seu cunhado. Assim é a lei no Irã, e uma lei bastante perversa essa. Minha pobre avó tinha de fazer uma caminhada de ida e volta de seis horas para ver seus filhos — algo que fazia regularmente e sem um murmúrio de queixa, como se fosse um sacrifício de amor. Acho que, de alguma forma, a proximidade que se fortaleceu entre mim e minha avó expressava anos da afeição involuntariamente reprimida dela pelos próprios filhos e deu-lhe a oportunidade de adorar, paparicar, orientar e ensinar uma criança do jeito que lhe havia sido negado.

Eu era ávida por afeto e paparicos quando criança, como se o infinito amor de minha mãe apenas aumentasse meu apetite por mais e mais. Eu ia a toda parte com vovó — ao mercado, ao bazar, às acolhedoras lojinhas de seus amigos curdos. Passei a pensar no modo como vovó se vestia como um exemplo para mim mesma quando ficasse mais velha; seu belo cabelo comprido exposto ao estilo curdo, enrolado apenas atrás com um lenço dobrado; seus vestidos longos, coloridos. Nós nos parecíamos uma com a outra de um modo que ia além do físico: eu gesticulava como ela, inclinava a cabeça para trás do mesmo jeito para expressar admiração, sorria do mesmo jeito. Sem dúvida, aprendi essas coisas com vovó, mas talvez haja margem para a especulação sobre a herança de um conjunto semelhante de genes também.

Os curdos foram, por um longo, longo tempo, um povo sem sorte, jamais livre para traçar uma fronteira e dizer: "Esta é a nossa terra, a nação dos curdos". Vivem como primos de segundo grau empobrecidos nos campos de parentes mais afortunados. Na melhor das hipóteses, são objeto de pena ou ridicularizados; na pior, caçados e mortos por seus parentes por não demonstrarem gratidão o bastante. Eles estão espalhados pela Turquia, Iraque, Síria; e, onde quer que se encontrem, são a minoria. Aqueles que os governam os consideram um fardo. Sei, pelo que li, que os curdos sempre quiseram uma pátria, mas nunca tiveram sorte ou talvez habilidade para vencer grandes e decisivas batalhas. Determinação para lutar nunca foi uma deficiência; bravura jamais foi um problema. Como a maioria dos povos do Oriente Médio, os curdos levantam-se ao amanhecer do primeiro dia da semana, se necessário for, e lutam sem pensar em descanso ou sustento durante os sete dias seguintes. O grande líder, o gênio militar, o impiedoso egocêntrico que espalha sua influência amplamente — não, os curdos nunca apresentaram esse homem e, portanto, permanecem em suas montanhas e, alternadamente, aceitam as regras de seus opressores e se rebelam contra elas.

Não posso falar com conhecimento de causa sobre os curdos da Turquia e do Iraque, no entanto sei que milhares de anos sendo governados por outros criaram um tipo de versatilidade nos curdos do Irã — ou em alguns, ao menos. Os curdos versáteis são aqueles que não são movidos pela paixão de uma pátria própria, mas pela igualdade dentro das fronteiras do Irã. Meu pai é um curdo desse tipo. Ele empregou seus talentos militares e administrativos a serviço do xá. Então, quando o xá foi deposto, voltou-se para os negócios e encontrou um meio de conviver com as imposições dos mulás. Sua prioridade sempre foi a sobrevivência de sua família; não em quaisquer termos, mas em termos de igualdade.

Meu pai sempre foi pragmático, exceto quando se tratou da questão de partir do Irã quando os mulás assumiram em 1979. Teve a oportunidade de vender tudo e fugir, porém ele permaneceu por puro amor ao país e, assim, cedeu tudo que possuía ao regime. Sua versatilidade fica clara pela maneira como foi capaz de aceitar que a monarquia do xá terminara e, então, de encontrar meios para sustentar sua família. Meu pai quer que as coisas funcionem da melhor maneira possível, não da melhor maneira que possa ser imaginada. Não é um idealista; não é altruísta. Faz traços na areia indicando pontos dos quais não retrocederá, mas certifica-se de que esses traços que demarca ofereçam liberdade de ação. E essa escolha de pragmatismo em vez de paixão é, creio, típica do tipo de curdo que ele é.

Sou uma curda do tipo do meu pai; uma curda versátil. Não tenho interesse pelo insuperável. Quero que as coisas funcionem tão bem quanto possível, considerando-se as limitações humanas. Quando corro pela rua gritando e sacudindo o punho no ar, não estou gritando: "Utopia ou morte!". Estou gritando algo bem mais humilde: "Quero os meus sapatos cor-de-rosa!". Isso seria o bastante, pois, uma vez que os mulás tivessem me concedido o direito de usar sapatos rosa, muito do que é bom, sábio, generoso, puro e simplesmente humano teria se seguido. Não tenho nenhuma queixa contra o Islã, nem mesmo contra questões envolvendo direitos de sucessão de Ali, primo do Profeta, e de seus descendentes, nem contra formas de palavras no Alcorão; minha queixa é contra os mulás.

É a mesma queixa que eu teria se fosse judia e obrigada a viver uma vida governada por um inflexível regime ortodoxo de sacerdotes judeus; ou se fosse católica e tivesse de ouvir um sacerdote católico dizendo-me que minha carne existe apenas para ser mortificada; ou se tivesse de ouvir um sacerdote budista insistindo que a alegria e o entusiasmo do beijo do meu amado é uma ilusão. Mulás, ou sacerdotes, no mundo inteiro temem o que as mulheres os fazem sentir — essa é a minha queixa. Parecem odiar demais o que a natureza ofereceu. Tenho certeza de que seres humanos podem contemplar o divino sem negar seus desejos. Posso fazer isso, como também podem as minhas amigas, e não há nada de especial em nós.

Meu pai, como digo, é um desses curdos versáteis de que falo, mas é a minha mãe curda que entende mais de tirar-se o máximo do que é provido.

Mulheres ocidentais pensam que as típicas iranianas levam a vida de uma vassala, e posso entender por que pensam dessa maneira. Sei de muitas iranianas — casadas ou não — cujas vidas são um sofrimento por causa das leis que governam seus dias e noites. E nada no mundo pode ser dito em defesa de leis que permitem que os homens de uma sociedade mantenham o espírito das mulheres refém. Tais leis são maléficas onde quer que sejam decretadas. Mas a vida de uma iraniana, sob uma interpretação mais salutar do Alcorão do que se aplica no Irã agora, tem muito mais em comum com a vida das mulheres ocidentais ou de mulheres de toda parte do que possa ser presumido. Minha mãe vive sob leis que as ocidentais provavelmente achariam insuportáveis, porém é tão livre em seu coração e alma quanto qualquer um na face da Terra, mulher ou homem.

O caminho de mamãe para a liberdade cresceu a partir de suas convicções, assim como o meu; só que o meu caminho deparou com um abismo. Para ela, como para muitas mulheres, liberdade é amor. Não quero dizer que ela vive num mar de rosas, num mundo de sonhos e beijos eternos; sua visão sobre o amor é terna desse jeito, sim, mas é mais firme também. O amor, para a minha mãe, é algo que se expressa mais com as mãos até do que com o coração. As pessoas podem falar sobre seu amor, falar e falar; contudo, enquanto não usam as mãos, a conversa não passa de conversa. As mãos da minha mãe já não são mais tão bonitas quanto outrora. Quando acaricia minhas faces e emoldura meu rosto com as palmas, mantendo-me cativa de tal forma que não tenho outra escolha a não ser fitar seus olhos, posso sentir a aspereza de sua pele. Poderia dizer que as mãos dela mostram o desgaste de ser uma mulher, mas preferiria afirmar que ela tem as mãos que uma pessoa conquista após anos e anos sendo um ser humano; anos e anos de mãos à obra em intervenções na vida dos filhos, do marido; anos e anos de abordagem da salvação da mais humilde das maneiras.

Essas intervenções de mamãe não se restringiam à família. Por causa de sua inclinação para mediar situações favoravelmente, era procurada pelos vizinhos para encontrar um caminho para a paz. Em Teerã, nosso vizinho tinha duas esposas e gerara cinco filhos com cada uma. A combinação daquelas dez crianças era mais do que as duas esposas conseguiam dar conta. As coisas teriam sido mais fáceis se ambas tivessem conseguido se entender uma com a outra, mas, ao contrário, eram grandes rivais debaixo de um mesmo teto. Suas discussões amargas eram conhecidas em toda a vizinhança, as pessoas em volta sacudindo a cabeça, estalando a língua. A poligamia não é vista com bons olhos pelos muçulmanos da classe média; é considerada uma tradição ultrapassada. A charia — a lei islâmica que permite casamento poligâmico e engloba uma ampla variedade de sanções terríveis para crimes de certo tipo — é considerada da mesma maneira: cruel e degradante. Quando, no entanto, minha mãe foi chamada pelas duas esposas do vizinho para fazerem as pazes, ela deixou de lado suas reservas em relação à charia e fez o que sempre fazia: procurou um meio através do qual alguma dignidade pudesse ser restabelecida. Essa era a sua política.

Como mencionei, sempre que havia um desentendimento no seio da nossa família, minha mãe interferia como um anjo sábio, fazendo meu irmão me beijar e se desculpar, depois de ter me destratado de algum modo, e o obrigava a me chamar de "irmã querida". Obviamente, ela não podia impelir as duas esposas do vizinho a se abraçarem e beijarem e esquecerem as desavenças, entretanto sentou-se durante horas ouvindo as queixas amarguradas de ambas, oferecendo sugestões, acalmando as mãos agitadas de cada esposa com as suas próprias.

Ao recordar o anseio de mamãe para promover a paz, sinto vontade de seguir seu exemplo e, certamente, sou capaz disso. No entanto, num nível mais profundo, vejo algo que não deixa de aguçar meu senso de humor, algo que persistiu nas mulheres por inúmeras gerações: uma profunda desconfiança em relação a abstrações. É sempre muito mais difícil para uma mulher do que para um homem dizer algo do tipo: "Todos os bens devem ser repartidos, e aqueles que não quiserem repartir devem ser condenados à morte". Ou "É a vontade de Deus que aqueles que contestam a vontade de Deus sejam atirados nas chamas". Ou até "O mundo não existe, e aqueles que acham que ele existe devem ser desiludidos disso". Mulheres seguram crianças em suas mãos; assoam seus narizes; sentam na beirada da cama, tranquilizando a criança que despertou de um pesadelo.

Os homens cuidam de seus filhos também, com muito amor, e eu jamais desejaria desmerecer a contribuição da figura paterna na criação de um filho. Nem diria que as mulheres não podem por sua natureza ser selvagens e cruéis. Ao mesmo tempo, seria por certo verdade afirmar que, historicamente, as mulheres têm se achado em melhor posição de avaliar quanta atenção e paciência são necessárias na criação de uma criança, e acho que ainda se pode dizer que elas têm menos inclinação do que os homens de certo tipo para lançarem seus filhos no caminho do perigo.

Mulheres como minha mãe sabem que abstrações são inúteis na luta do dia-a-dia para cuidar da vida das crianças, e são igualmente inúteis como um alicerce para a felicidade. É claro que não muito mais pode ser feito em relação à injustiça se a pacífica aceitação do status quo estiver se disseminando eternamente. Mas, para mulheres como minha mãe — versáteis, práticas, que põem a mão na massa —, as injustiças empregadas para vencer a injustiça podem se antever, e qualquer eventual vitória parecerá uma vitória de Pirro.* Minha mãe sabe reconhecer a injustiça quando a vê; é apenas o caminho para a justiça que desperta suas dúvidas e temor.

Entre os dez filhos de nosso vizinho, havia uma garotinha chamada Azam. Não tinha o mínimo de autoconfiança e lutava

---

* Expressão utilizada para se referir a uma vitória obtida a alto preço, potencialmente acarretadora de prejuízos irreparáveis. (N. do E.)

para ser ouvida no meio de sua família barulhenta. Não conseguia controlar a maneira como falava, hesitando e balbuciando em frases simples. Era ridicularizada dentro da família e fora; ridicularizada até pelo pai, nosso vizinho, Ahmad Agha. Na época em que conheci Azam, os mísseis iraquianos explodiam em Teerã. Todas as crianças das partes atingidas de Teerã, incluindo meu bairro, viram coisas que jamais deveriam ser vistas por crianças: imensos amontoados de escombros de onde a fumaça se desprendia em nuvens, o material abaixo da pedra e do concreto queimando com ruídos crepitantes; mãos, braços e pernas emergindo dos detritos em chamas — mãos que ainda exibiam alianças de casamento, pés com os sapatos estourados, os dedos se retorcendo de leve; pessoas cambaleando feito zumbis nas clareiras entre as montanhas de escombros, as roupas esfarrapadas no corpo.

Após os primeiros bombardeios de mísseis, senti-me como se algum terrível engano tivesse sido cometido, como se as coisas que ouvi no noticiário e dos meus professores sobre as mortes dos mártires nos campos de batalha tivessem sido anunciadas no lugar errado, por acidente. Não me parecia possível que incêndios, gritos e derramamento de sangue tivessem acontecido de propósito, ali onde eu vivia. O que vi, Azam também viu, e ela parou de falar de repente — parou de fazer suas tentativas desajeitadas e hesitantes de falar, ao menos — com todos, exceto eu. Eu era sua amiga e a apoiava, graças à intervenção de minha mãe.

As crenças espirituais e, principalmente, seu temperamento tornavam-lhe impossível emitir ordens. O zoroastrismo não é uma religião de instruções. De qualquer modo, mamãe teria optado por atravessar o Irã descalça sobre vidro quebrado se essa fosse a única alternativa em vez de dar um sermão. Era sua estratégia para agir, fazer com que eu me movesse gentilmente até que meu olhar pousasse naquilo que ela queria que eu visse. Quando me levava para comprar um vestido novo (aos 5 e 6 anos, não havia problema em eu usar um vestido, em vez de um chador, em público), ela comprava um segundo vestido para Azam, que tinha a minha idade e usava o mesmo tamanho que eu. "E este é para Azam, é claro", dizia. Se Azam ficava para o almoço ou o jantar, mamãe não tentava lhe extrair respostas. "Azam, você come beterraba, tenho certeza, mas deixe-a no prato se não quiser." Se acontecia de precisar de uma resposta a uma pergunta, ela a fazia através de mim, poupando Azam da tribulação de falar. E assim, sem sequer saber, eu estava adotando o jeito da minha mãe de lidar com Azam.

É apenas agora, enquanto escrevo, que entendo a terrível angústia que devo ter causado à minha mãe quando fui para a rua protestar contra a injustiça. Agir desse modo teria sido uma contradição a cada impulso que ela tinha. Era perigoso, rude, insolente, antirreligioso. O gentil conselho que me dera a vida inteira sem nunca fazer uma declaração direta a respeito foi que a injustiça tem de ser combatida de uma maneira sutil, quase furtiva. Conforme cresci e entendi melhor como o pai de Azam a maltratava, quis ir até a casa ao lado e dizer a Ahmad Agha para ir para o inferno, onde era seu lugar. Minha mãe não permitiu. E quando eu falava sobre a injustiça dos mulás, mamãe me olhava daquele jeito constrangido que pais adquirem quando notam no filho que amam de todo o coração algo que em outra pessoa abominariam.

Meu ativismo político, para minha mãe, era uma forma de vaidade: uma maneira de me vangloriar ao mundo sobre minha beleza moral. Isso pode não ser verdade, mas é certamente verdadeiro que, se minha mãe pudesse fazer tudo dar certo da maneira como queria, e eu pudesse fazer tudo dar certo da maneira como eu queria, a maioria das pessoas preferiria viver sob o regime da minha mãe.

Capítulo 21

— Sabe o que você está parecendo? — diz Sohrab. — Está parecendo uma viúva velha, resmungando e choramingando por causa de tudo.

É verdade que eu tenho me queixado — ou resmungado e choramingado, se é como meu louco prefere pensar. Tenho me queixado do meu couro cabeludo esfolado, da pele seca, da falta de força nos músculos. Oh, mas fico tão aliviada que ele tenha voltado! Ele não diz onde esteve e o que lhe fizeram, e eu não pergunto. Tenho medo do que posso ouvir.

— Ora, quem não resmungaria aqui? — digo eu. — Eu me apanhei roendo as unhas um pouco antes disso.

— Por que não? Isso mantém você ocupada.

— Fale sério!

— Estou falando sério. Por que não roer suas unhas? Mas não faça as outras coisas. Não se machuque. Alguns deles fazem isso.

— Fazem o quê?

— Machucam a si mesmos com suas mãos. Ou batem a cabeça na parede para ver o próprio sangue. E não roa todas as suas unhas num único dia. Guarde algumas para outros dias, para ter o que fazer.

— Você não é engraçado.

— Acha que estou brincando com você? Não. E nem precisa me dizer qual é a sua aparência. Sei como você é. Sua pele é feia; você toda é feia. Nada de oxigênio, de vegetais, de creme hidratante, nem de água. Nem mesmo sono adequado. Você parece uma daquelas garotas que se veem nas ruas à noite; garotas que nunca comem bem e dormem na calçada.

Eu deveria me ofender com o que Sohrab está dizendo a meu respeito, embora seja verdade. No entanto, não consigo me sentir ofendida. Estou contente demais por ter a voz dele de volta para me arriscar a lhe dizer que se cale. Em todo caso, parei de me preocupar em não ser mais bonita. Não me importo. Jamais voltarei a ser bonita. Isso tudo se foi.

— E quanto a você? — pergunto. — Está mais bonito do que nunca?

— Oh, mais do que antes de ter vindo para cá. Mais. Comida ruim me deixa bonito.

— Tenho que ir ao banheiro — digo a Sohrab. — Vai continuar conversando comigo quando eu voltar?

— Talvez.

— Diga sim ou não!

— Acha que pode me obrigar a fazer o que você quer sendo mandona?

— Quero que converse comigo quando eu voltar do banheiro. Por favor.

— Talvez — diz ele.

Durante a ida até o banheiro, penso apenas em Sohrab. É como se fôssemos casados. Somos temperamentais um com o outro, como marido e mulher costumam ser. Discutimos apenas pelo prazer de discutir, o que marido e mulher fazem. Um quer saber o que o outro está fazendo o tempo todo. Nós nos ressentimos um do outro por termos uma vida à parte do relacionamento. Se Sohrab estivesse falando com outra garota, talvez na cela acima da dele, eu ficaria louca de ciúme. Conversar comigo é como ser fiel a mim. E também há outras coisas que marido e mulher desfrutam em parte do tempo, ao menos: boa vontade, afeição. Ou, na verdade, é mais do que afeição da minha parte. Sinto que o amo. Não suporto pensar nele sendo espancado pelos guardas. A ideia de algo pior do que espancamento — tortura — faz com que eu fique insana, como se fosse capaz de matar as pessoas que lhe são más com as próprias mãos e o que mais eu pudesse apanhar. Ele é o meu louco. Se um dia eu saísse deste lugar, o que faria? Gostaria de levá-lo comigo. Gostaria de tê-lo ao meu lado como meu bichinho de estimação.

Não há mensagem alguma de Arash na porta do banheiro. Não me permito pensar no que pode estar lhe acontecendo. Os interrogadores sentem prazer em destruir pessoas fortes. Provavelmente admiram os fortes aqui de certo modo; admiram-nos e detestam-nos. Os fortes, ao menos, representam um desafio para eles. Aqueles iguais a mim devem lhes causar repulsa. Não há resistência.

Bebo água da torneira da pia, como Sohrab me disse que devo fazer. Acha que é seguro beber essa água. De Sohrab, recebo os conselhos de um especialista. Sabe como Evin funciona como um todo. Sabe quando acontece a mudança de turnos e quais guardas estarão trabalhando num determinado horário do dia, quais são as fraquezas deles, quais têm pavio curto ou não, se são preguiçosos ou diligentes. Além de tudo isso, tem uma história a contar — o que para mim é como um seriado de rádio, um tipo de entretenimento, embora a história seja angustiante. Talvez seja mais como uma novela de um tipo diferente. Noto que ele não está nem um pouco interessado na minha história. Perguntou-me um pouco sobre como vim parar aqui, mas, pelo que posso perceber, acha que minha história é bastante comum.

Por um momento, apanho-me desejando que fosse Arash a estar na cela acima da minha em vez de Sohrab, porque Arash me conhece do mundo lá fora. Conhece a Zarah normal, não apenas aquela que passa tanto tempo chorando. Como seria maravilhoso ouvir a voz dele através da grade, calma e confortadora, e sempre com aquele quê de zombeteiro desdém por seus inimigos! Ele pode estar a apenas uma curta distância de mim agora; duas celas adiante; talvez três. Posso imaginar a garra e a determinação dele, qualidades sobre as quais nunca se vangloria, tomando conta de mim, revitalizando-me, de forma que, quando o guarda aparecesse para me levar para o interrogatório, eu pudesse abrir um sorriso sardônico e resmungar algo como "Mais um dia glorioso em Evin!" e sair da cela endireitando os ombros, de cabeça erguida. Ou estou sendo romântica em relação a Arash? Talvez ele esteja tão amedrontado quanto eu. Talvez anseie por seu próprio Arash.

Mas não devo pensar dessa maneira. Como suportaria tudo sem Sohrab? Digo a mim mesma que, se não consigo ser forte e corajosa, posso ao menos ser leal. Mas quero ser leal a Arash também.

Na volta à cela, uma nova agente penitenciária surpreende-me com uma pergunta:

— Quantos anos você tem?

Viro a cabeça na direção dessa nova mulher, embora não consiga enxergá-la através da venda. Sei que não é a mesma que interveio quando eu estava sendo espancada no corredor. Soa como alguém de uns 40 anos ou mais, mas é muito difícil dizer. Quando me perguntou minha idade, não foi num tom duro, autoritário. Mas por que pergunta? É por eu parecer ter uns 80 e ela estar curiosa sobre a maneira como o fato de estar aqui, em seu adorável local de trabalho, me envelheceu?

— Vinte — respondo.

Está caminhando atrás de mim, porém mais próxima do que os demais guardas fazem. Não gosto disso.

— Quer um cigarro? — pergunta ela.

— Não. Eu não fumo.

— Alguma outra coisa, talvez? Do que gostaria? De um bom sabonete? Gostaria de um bom sabonete?

— Não, não quero nenhum sabonete. Obrigada.

— O que, então? Posso conseguir para você.

— Pode telefonar para a minha mãe?

— Telefonar para a sua mãe? Não. Outra coisa.

— Se puder telefonar para a minha mãe, seria a melhor coisa que eu poderia lhe pedir. Faria isso, por favor?

Eu havia parado de caminhar e me virado para ela.

— Não, isso não. Mas posso lhe dar algo que a faria esquecer de sua mãe. Posso fazer isso.

— Não preciso de nada. — Virando-me, continuo a seguir pelo corredor. A mulher me alcança e caminha ao meu lado. Coloca a mão no meu ombro. Não está me detendo. Está tentando ser amistosa.

— Pense a respeito — diz-me. — Estarei aqui amanhã também.

— Não quero nada. Não quero nada, nem amanhã, nem nunca.

— Não diga isso. É algo ruim de se dizer. Espere até amanhã. Você vai mudar de ideia.

De volta à cela, reservo alguns minutos para pensar sobre o que a nova agente penitenciária me disse. Penso numa porção de motivos que ela possa ter. Pode estar tentando me armar uma cilada, a fim de poder me acusar de tentar suborná-la. Talvez os interrogadores tenham lhe dito para me apanhar numa armadilha dessas. Ou é possível que apenas esteja sendo bondosa? Existem pessoas assim aqui em Evin?

Chamo Sohrab.

— Você está aí?

Ouço um breve riso.

— Não — responde ele. — Fui dar uma volta no jardim.

Conto-lhe sobre a nova agente penitenciária e o que me ofereceu. Digo que estou perplexa. Ele sabe o que a mulher pode estar tramando?

— Você aceitou? — pergunta-me.

— Eu não fumo. Mas é estranho, não é? Eu não sabia que um prisioneiro podia conseguir coisas desse tipo aqui, cigarros, sabonetes. Ela sabe que não tenho dinheiro.

— Ela não quer dinheiro.

— Não? Está me dizendo que ela trabalha por caridade? Tenha dó!

— Ela quer dormir com você — declara ele calmamente.

— Não!

— Sim.

— Sou tão feia! — Surpreendo a mim mesma ao pensar nisso primeiro. A vaidade dura um longo, longo tempo depois que não resta a uma pessoa mais nada do que se envaidecer.

— Talvez ela seja mais feia.

— Foi por isso que me tocou?

— Ela chegou a tocar você? — A surpresa evidenciou-se na voz dele.

— Não desse jeito. Apenas pôs a mão no meu ombro por alguns instantes.

— Você é uma criança. Pediu-lhe alguma coisa?

— Sim, mas ela disse que não pode fazer.

— O que você queria?

— Que ela telefonasse para a minha mãe. Que dissesse à minha mãe que estou bem. Ela disse que não pode.

— Zarah, você é uma desmiolada. Sabe, agiram certo em trancar você aqui. Você é burra demais para andar na rua.

É muito raro que o meu louco me chame pelo nome. É algo que me toca a fundo. Gostaria de lhe acariciar o rosto, o rosto do meu louco.

— Ela me perguntou se eu queria alguma coisa, e eu lhe disse o que era. É algo assim tão ruim?

— Ouça. Não fale mais com eles. Não diga nada a eles. Quando lhe perguntarem se quer alguma coisa, fique de boca fechada. Não diga nada rude; apenas não diga nada. Se fizer um acordo, eles irão até a sua cela e estuprarão você. Querem que faça um acordo. É como começa. Está me ouvindo, idiota?

— Está bem, está bem.

Subitamente, sinto-me derrotada pela exaustão. Ninguém pode esperar que eu adivinhe os motivos dessa gente! Minha mente quis acreditar que a nova agente penitenciária era diferente. Quis que fosse uma agente boa, uma pessoa mais parecida com os seres humanos que conheci a maior parte da vida. Mas não, parece que não me é permitido o grande luxo de sentir um fio de esperança. Primeiro, aquele gordo desgraçado e fedorento e, agora, a nova agente penitenciária. Bem, nunca esperei nada de bom de Fedorento, mas quis, de fato, que a nova agente fosse uma boa pessoa. Mesmo sendo algo improvável. Teria significado tanto...

Deitando com o cobertor por cima de mim, tento chorar, contudo não tenho lágrimas. Meus próprios dutos não têm a menor simpatia por minha burrice. É como se dissessem: "Nós nos guardaremos para algo menos tolo". Emito os sons de pranto, mas é inútil.

— Sohrab? — chamo.

— O que é?

— Obrigada por me dizer. Obrigada por isso.

Ele solta seu pequeno riso alegre e, então, nem dez segundos se passam até que começa a gemer.

— Oh, pelo amor de Deus! — resmungo e fico ouvindo os gritos estridentes de Sohrab.

— Leila! Sua piranha, Leila! Deus sabe que, se eu sair daqui, vou torcer o seu pescoço!

✧ ✧ ✧

É o início do dia. A oração do amanhecer terminou agora mesmo. Está frio. Mantenho o cobertor fedido até o pescoço e bem enrolado em torno de mim. Ouço os sons da prisão. Primeiro, são os passos de um guarda caminhando pelo corredor sozinho; é o que manca — conheço suas passadas irregulares. Ouço-o parar e dizer algo numa voz muito baixa, praticamente um sussurro. Não sei se está falando consigo mesmo ou com outro guarda. Ouço o som distante de choro que está ao fundo o tempo todo e, como sempre, tento descobrir se o pranto é de uma pessoa de verdade ou algo plantado para mexer com os nervos dos prisioneiros — o som ambiente dos interrogadores. É estranho, mas embora o som de choro se mantenha o tempo todo, é possível não ouvi-lo e imaginar que o silêncio é absoluto. Então, logo que penso "Nada está acontecendo, nada está se movendo", dou-me conta de que o pranto ainda está lá e que esteve desde que comecei a ouvi-lo.

Ouço o abrir e fechar de portas. Minha audição está tão apurada agora que consigo saber se a porta que está se abrindo ou fechando fica neste andar ou no andar acima, ou abaixo, ou se é no final do corredor, na metade, ou no alto de alguma escadaria — e nesse caso existe eco. Posso até dizer se é uma porta pela qual já passei. Formei um repertório de sons na cabeça de estalidos, rangidos e ranhuras. Assim, acho que não posso dizer que meu tempo em Evin foi de todo perdido. Melhorei minha audição.

Um carrinho está sendo empurrado pelo corredor do andar acima — o andar de Sohrab. Se eu lhe perguntasse a respeito, sei o que ele diria: "Chá e bolos". Guardarei esse som para lhe dar a chance de ser engraçado. Oh, e não é essa outra coisa que a Academia de Evin me ensinou? A ser previdente.

Apenas neste momento, não estou ciente de nenhuma dor em meu corpo. Há uma sensação de alento me envolvendo.

Sinto-me até liberta por enquanto da vontade de coçar a cabeça. Nesse momento que antecede o completo retorno da consciência à minha mente, permito-me mergulhar numa fantasia que criei ao longo dos últimos dias. É uma fantasia de fuga. É impossível escapar de Evin, ou é o que dizem no mundo externo. Agora que estou aqui dentro, não tenho a menor dúvida de que o que dizem é a pura verdade. Este lugar é um forte, é imenso e, segundo dizem, é protegido por todo tipo de aparelho eletrônico, sem mencionar sabe-se lá quantos soldados, mas posso desfrutar um pouco de um entretenimento barato com esses devaneios.

A fantasia de fuga não é como minhas fantasias de assassinato, que exigem uma mente totalmente alerta. A fantasia de fuga é um filme que montei; e, enquanto as fantasias de assassinato sempre me deixam trêmula e desgostosa comigo mesma, o filme de fuga me alegra e não há repugnância com que lidar. Acho que os dois tipos de fantasia saciam apetites bem diferentes. Não há dúvida de que a fantasia de homicídio e vingança é a mais torpe e a mais importante. A raiva doentia dentro de mim que ela explora me é de grande valia, devo confessar.

Deixando a mente vagar, mergulho em meu filme feliz de fuga. Na cena de abertura, encontro-me deitada aqui exatamente onde estou. Ouço os sons de disparos e gritos. Guardas chamam uns aos outros em pânico. Então, bum! — uma estrondosa explosão. Levanto-me, certa de que algo de grandes proporções está se desenrolando. Ouço os sons rápidos de disparos de armas automáticas e muito mais gritos. Bum! Um lampejo de luz alaranjada brilha por um segundo através do vão embaixo da porta da cela. Incluo em meu filme, uma gloriosa e emocionante trilha sonora, como a música de Wagner ou Mahler, ou de alguém que faz trilhas para os filmes de Hollywood. É tão bonita! Oh, meu Deus, os gritos estão bem próximos da minha cela agora! Estão tentando me resgatar! "Estou aqui!", grito eu. Devo me armar, para o caso de precisar me juntar à luta. Encontro dois revólveres no canto da cela. Ficaram escondidos durante todo esse tempo e... — quem os escondeu? Não sei, mas eles estão aqui. E um enorme martelo também.

Mas agora — Oh, Deus! — será possível? Ouço a voz de Arash e também a do meu pai. Bum! A porta da minha cela é arrombada. E Arash está na entrada, usando jeans e a camisa de brim de que sempre gostei. Ele me abraça com toda a força. "Siga-me!", diz, e eu me agarro à barra de sua camisa, enquanto ele avança pelo corredor, disparando seus rifles, revólveres e todo o arsenal, e eu estou disparando minhas armas também, embora não, de fato, em alguém. Meu pai está mantendo a porta ao final do corredor aberta para mim. Chora e ri ao mesmo tempo. "Espere!" — digo a Arash. "Temos que salvar Sohrab!" Arash apenas ri. "Não se preocupe, já pensamos nisso", esclarece. E, sem dúvida, lá está Sohrab ao meu lado. Ele se parece com Charles Chaplin.

Agora, estamos na rua, saltando para dentro de um carro para irmos para o aeroporto. Oh, não! O interrogador fedorento está nos perseguindo com uma arma imensa, uma espécie de canhão. Aponto minha arma para ele, todavia, antes de poder apertar o gatilho, Fedorento explode. Uma bomba deve tê-lo atingido, ou algo assim. Rumamos para o aeroporto; papai, eu, Sohrab, Arash e minha mãe também. Esse é o final, a ida para o aeroporto.

Faço comentários cruciais durante todo o filme de fuga. "Como Arash saiu de sua cela? Onde obteve suas armas? E o que, afinal, aqueles revólveres e o martelo estavam fazendo em minha cela? Francamente! Outra coisa: por que Sohrab se parece com Charles Chaplin? Isso é ridículo." Se eu realmente assistisse a um filme como o que inventei, riria com escárnio ao longo dele inteiro. Tenho um amigo no mundo lá fora que faz filmes, filmes esplêndidos que nunca recebem um certificado de liberação no Irã. Eu teria vergonha de lhe contar sobre o tipo de filmes que venho imaginando. Contudo, assim mesmo, o que gosto nas fantasias é o fato de me importar a ponto de criá-las. Se fico fantasiando sobre fuga, significa que não me tornei um zumbi, não é mesmo?

Azeitonas e pão aparecem debaixo da porta num prato de plástico. Sentando com as pernas cruzadas como sofregamente, igual a um cão que fica de olho bem atento a qualquer outra criatura que possa tentar roubar sua comida. Quando termino de comer, meu cérebro está totalmente acordado. O medo toma conta de mim, desde o peito até a ponta dos pés. A alegria do filme de fuga está distante, muito distante agora. Encontro-me num estado de prontidão para o que quer que esses desgraçados tenham à minha espera. Mas com "prontidão" não quero dizer que estou pronta para resistir ou para reunir toda a minha coragem. Quero dizer pronta para gritar, para implorar. Perguntei num dia desses a Sohrab sobre o lugar especial que, segundo rumores, existe dentro de Evin. No mundo externo, ele era mencionado através de sussurros, sussurros sombrios, e era, às vezes, objeto de piadas macabras. Dizem que foi criado pelos agentes da Savak. Em 1979, os estudantes que apoiaram a revolução do aiatolá adentraram em Evin e exibiram os instrumentos e aparelhos usados pela Savak nessa câmara de tortura máxima. Estavam além do que se podia descrever em meras palavras. Diz a história, porém, que quando os homens do novo regime do aiatolá assumiram o poder, eles fuzilaram ou enforcaram os chefes da Savak, mas mantiveram os torturadores, as pessoas que punham "a mão na massa", reconhecendo que as habilidades delas seriam valiosas na era por vir. E foi o que aconteceu, de acordo com os rumores.

"Sim, ele existe", afirmara Sohrab. E falara um pouco mais a respeito, sem medo, porque ele é louco e está muito acima do medo.

Ele existe.

E o que de bom pode vir de pessoas que mantêm um lugar desses? Parece ser o primeiro lugar que tiranos pensam em criar uma vez que têm o controle; os tiranos da minha própria terra, os tiranos de centenas de outras. Um lugar desses não é apenas uma sala numa prisão; é uma sala numa nação.

Se eu for levada ao lugar especial, tentarei barganhar a cada passo do caminho até a sua porta. "O nome de quem vocês querem?" Eu o darei. "O que querem que eu faça?" Mesmo que a barganha resulte apenas num acordo para levar um tiro na nuca, eu o aceitarei avidamente. Ou se isso não for possível — se, quando chegar o momento, houver coisas que não farei, pessoas que não trairei; se encontrar algo bem enterrado em meu íntimo, algo que nunca vi, que nunca ouvi, alguma força derradeira — então que a luz e o amor do Deus da minha mãe se harmonizem com a luz e o amor do Deus do meu pai e que a vida se esvaia de mim e se vá para sempre.

Calculo que ainda é início de manhã quando o guarda joga a venda pela abertura na porta. Nunca fui levada para um interrogatório assim tão cedo.

— Estou indo — sussurro para Sohrab. Ouvira-o mover-se e sei que está acordado, mas ele não diz nada.

O guarda abre a porta e coloca o que sei ser um chador na minha cabeça sem me dizer uma palavra. Eu o odeio. Faz com que eu me lembre daqueles jogos de encarnar um papel que eu fazia para Behnam. E por que tenho de usar isto? O que há de especial no dia de hoje? Algum figurão deverá me interrogar hoje, algum homem sagrado, reverenciado? Talvez o próprio aiatolá Khamenei em pessoa? Eu não ficaria surpresa.

— Aonde vamos? — pergunto ao guarda, não esperando uma resposta que tenha algum significado.

— Continue andando.

Paramos depois de apenas alguns segundos. Escuto os ruídos característicos de um elevador. Lembro-me desses sons do dia em que fui trazida para Evin. Ouço o tilintar da campainha enquanto o elevador chega a este andar, as portas se abrindo.

O guarda empurra-me para a frente. Sinto a superfície diferente sob os pés descalços. Ouço a porta se fechar e sinto o súbito solavanco quando o elevador começa a se mover. Não sei dizer se estamos subindo para qualquer outro andar ou descendo. Em princípio, acho que estamos subindo; então, acho que não, tenho certeza de que estamos descendo; enfim, não faço mais a menor ideia.

Não consigo controlar o medo. Apenas uma pequena mudança em minha rotina e já estou quase enlouquecendo.

— Por favor, diga aonde está me levando. Por favor, diga-me.
— Eu não sei. Nada mais de perguntas.

Respiro fundo para não desmaiar. Achei que estivesse acostumada a todo tipo de medo que este lugar pode provocar, mas este é de um tipo novo. Quero correr e me atirar em cheio de encontro a algo duro. O guarda pode ver ou perceber como o medo está crescendo dentro de mim e pega meu pulso, segurando-o com firmeza.

Ouço o som tilintante outra vez. Devemos ter descido, porque o elevador esteve em movimento por tempo demais para que tivéssemos subido. Evin é imensa, mas não tem dez andares. Devemos estar numa parte bem, bem profunda.

O guarda puxa-me pelo pulso para me tirar do elevador, mas não me movo. Minha imobilidade deve-se em parte à força de vontade e em parte ao fato de estar petrificada. Sei que, quando enforcam alguém aqui, eles o fazem logo após a oração do início da manhã. E, quando enforcam uma mulher, cobrem sua cabeça com um chador completo. Vi mulheres enforcadas na televisão. Todos os iranianos já viram.

Grudo a mão livre a um vão que encontrei — uma parte da porta, creio eu. Seguro com toda a força, gritando a plenos pulmões.

— Mexa-se! — ordena o guarda. — Não sei para onde estão levando você. Eles a estão transferindo para outro lugar. Agora, mexa-se!

O guarda deve achar que isso me acalmará. Não é o caso.

— Não quero ir a lugar nenhum! — berro. — Não quero! Leve-me de volta para minha cela!

O guarda me bate com força no ombro e, em seguida, ampara minha cabeça e me dá um bofetão no rosto. Não consigo mais me segurar à porta. Meus dedos se soltam.

— Você me obrigou a fazer isso! — grita o guarda. — Eu não queria! Você me obrigou, garota estúpida!

Caminhamos pelo que parece mais de um minuto, até mais do que dois. O guarda me faz parar e permanecer imóvel. Coloca as mãos em meus ombros e me faz ficar mais ereta. É como se estivesse me arrumando, deixando-me mais apresentável. Ouço uma porta se abrir e, em seguida, sinto uma lufada de ar fresco. É uma área ao ar livre. Percebo a amplidão do espaço diante de mim através do chador.

Que lugar é este? Que lugar? É uma área externa, mas não é a rua; tenho certeza disso. Sem dúvida, esta é a parte detrás de Evin, abaixo das montanhas no norte de Teerã. Ouço o canto dos pássaros. Prendo a respiração a fim de ouvir os pássaros.

A porta de um carro é aberta. O som é nítido. O guarda diz:

— Dobre os joelhos.

Obedeço sem resistência alguma. Ele me empurra para dentro do carro. Esbarro de leve em alguém já sentado lá dentro. O guarda faz com que eu me mova mais pelo assento e ele próprio entra, de modo que fico entre duas pessoas. Minha impressão é a de que a outra pessoa é uma mulher. Não ouvi voz alguma, contudo tenho essa impressão.

Uma pessoa adiante de mim — o motorista ou alguém mais — começa a falar tão logo o carro se coloca em movimento. Está respondendo à voz de alguém, mas o guarda ao meu lado e a pessoa que julgo uma mulher não estão dizendo nada. Deve ser uma conversa por um celular. Não consigo entender nada do que está sendo dito. Parece uma linguagem inarticulada ou em código.

O carro está rodando há mais de cinco minutos. Sei quanto tempo está se passando porque o estou contando de cabeça. Por que deveria estar fazendo isso, não tenho ideia. Estou tentando me acalmar? Como poderia acreditar que sou capaz de me acalmar? Sinto-me furiosa com qualquer que seja a parte tola de mim que esteja tentando me acalmar! E ainda assim, apesar de todas as minhas objeções, continuo a contar. Estou terminando minha sexta contagem de sessenta. Oh, porém estou contando depressa demais! Diminuo o ritmo da contagem, absurdamente, e digo a mim mesma:

— Uma estrela brilha, brilha; duas estrelas brilham, brilham; três estrelas brilham, brilham...

Não escuto barulho de tráfego. É possível que a parte escondida de Evin seja tão vasta que seja necessário um carro para locomover as pessoas? A pessoa que imagino ser uma agente penitenciária mostra que, de fato, é uma mulher ao mexer meticulosamente em meu chador, ajeitando-o da maneira adequada sobre minha cabeça raspada. Eu lhe permito que o faça. Por que não? É uma tarefa que ela adora. Deve ser uma daquelas mulheres que entram num grande estado de euforia ao parar garotas na rua e lhes ordenar que arrumem os lenços na cabeça. "Deus detesta uma criatura que mostra seu cabelo a estranhos", diria em tom de sermão, porque é exatamente o que dizem. "Está preparada para como são as coisas no inferno?" Conheço o tipo dela tão bem; sei o quanto se sente orgulhosa de seu trabalho.

Capítulo 22

Por volta do final da guerra com o Iraque, o som da sirene de alerta vermelho em Teerã, avisando sobre algum ataque de míssil, passara a ser recebido com um gesto de indiferença por parte de crianças como eu. Afinal, para muitas de nós, a guerra era normal. A sirene soava e as crianças continuavam a brincar nas ruas, a andar de bicicleta, a se divertir e fazer travessuras. Quando um míssil explodia nas proximidades, os meninos (e algumas meninas também) trocavam sorrisos largos e diziam "Ah, ah, errou!". Eu teria ficado na rua brincando após a sirene de alerta; todavia, preocupada com a minha mãe, que teria tido um ataque cardíaco, sempre ia com ela e meus irmãos e irmãs para o abrigo antiaéreo, carregando minha maleta. Nela mantinha meu pijama, meus lápis de cor e um livro para colorir.

Gente de toda a vizinhança ia para os túneis se abrigar dos mísseis. As luzes eram fracas, mas era possível enxergar. As camas eram improvisadas, e as crianças menores eram colocadas debaixo dos cobertores para, ao menos, fingirem que dormiam, não importando que horas eram no mundo não-subterrâneo. Os túneis eram repletos do barulho de mães gritando com os filhos mais velhos e irrequietos e das próprias crianças brincando e rindo e geralmente continuando os jogos que tinham acabado de deixar no mundo acima. Muitas pessoas oravam também, e as entoações ritmadas, vagarosas, mesclavam-se a gritos, risos e súplicas desesperadas das mães para que houvesse alguma ordem:

— Que Deus me perdoe, mas vou agarrar você pelo pescoço e esquentar os seus fundilhos!

Eu me sentava, quieta, e brincava com os meus lápis de cor. Havia tanto o que colorir! Um duende invadindo um quarto onde uma família de camponeses se escondia — um grande tema dos contos folclóricos iranianos. Uma princesa colhendo flores no campo. Rostam, o grandioso herói da mitologia persa, dizendo a Sohrab que largasse sua espada e partisse em paz. Um caçador da era de Dario I apontando sua flecha para um leão que recuava. Outros livros de colorir — não entre os meus favoritos — davam às crianças a oportunidade de fazer seu melhor trabalho no desenho do aiatolá Khomeini sorrindo para crianças devotas curvadas em oração.

Acima de mim, como eu sabia, infernos devoravam casas e pessoas. Soldados corriam de lá para cá, tentando evacuar as ruas para que os carros de bombeiros passassem velozmente. Garotos peraltas escondidos em becos e entre pilhas de ruínas fumegantes, assimilando toda a agitação sem pensar. Cães em pânico pelas ruas à procura dos donos. Ambulâncias barulhentas abrindo caminho até lugares onde pessoas gritavam por socorro. E, com certeza, deveria haver um velho que sentia que já vira fogo e morte demais em sua vida, sacudindo o punho no ar para o céu ou para o destino. Assim como também deveria existir uma velha, os nervos abalados, vasculhando em meio ao caos enquanto chamava o nome de seu gato. Havia visto isso tudo mais de uma vez quando a sirene vermelha soava tarde demais. Não me perturbava saber o que estava acontecendo lá em cima, no mundo exterior. Eu tomava todo o cuidado para me concentrar nos contornos do desenho do poderoso Rostam desafiando o jovem Sohrab, o qual não sabia ser seu amado filho. A épica lenda de Rostam e Sohrab — isso era uma tragédia. O caos acima — aquilo era um contratempo.

Doze anos mais tarde, em meu segundo ano na universidade, mais uma vez tive a oportunidade de ir para as ruas, onde multidões gritavam e agitavam os punhos, ou de me refugiar num abrigo. Dessa vez, minha mãe não teve como exigir que eu a acompanhasse até os túneis com a minha maleta e algo para me ocupar. Dessa vez, fiz o que desejara fazer todos aqueles anos anteriores, quando me tornei indiferente em relação ao que poderia me matar: permaneci nas ruas, sem medo do inimigo.

Eu me sentia exultante; o que estava acontecendo me parecia impossível de ser impedido. Os protestos tinham apenas um objetivo bastante local — exigir a readmissão de um professor universitário que fora preso pela polícia por lecionar de uma maneira considerada subversiva pelo Ministério da Educação —, mas estávamos recebendo muito apoio do público em geral e de alguns dos jornais mais ousados do país. Parecia, a mim e à maioria dos meus companheiros de protesto, que a justiça daquilo que estávamos exigindo desarmara politicamente o regime; que eles estavam amedrontados, que eram incapazes de sustentar nosso olhar e dizer que estávamos errados. Após vinte anos no poder, o regime estava desgastado, ou assim acreditávamos. Tal convicção era tola, é claro, como acabei descobrindo. Os que estavam no poder simplesmente esperavam para ver quanto de força seria necessário para nos silenciar — um pouquinho ou muito. Tentaram usar um pouquinho, não deu certo, e estavam se preparando para usar muito.

Olhei ao redor e vi muitos rapazes e moças, exatamente como eu, rindo na cara do inimigo — o inimigo, dessa vez, sendo a polícia, os agentes de segurança, os estúpidos garotos do Basij com suas espinhas, mau hálito e fanatismo imbecil, os mulás, os governantes, os mentirosos e hipócritas mais experimentados da nação. Causarem-me mal? De verdade? Não, eles não me causariam mal, nem aos meus amigos. Uma grande força por reformas inflava a vela do nosso navio. Ai daqueles que cruzassem o caminho da nossa proa! Lá estava eu, o lenço jogado para trás, o vento soprando nos cabelos, e ao meu lado estava Rostam — o próprio Leão, o homem que fazia a terra estremecer quando erguia o pé e o pousava no chão. E o nome de Rostam era Arash.

Então, num dia de outono, eu caminhava de volta para casa da universidade, os livros na mochila, o lenço usado de maneira a revelar uns poucos centímetros rebeldes dos cabelos escuros. Acabara de me despedir de duas amigas, ambas destemidas ativistas políticas como eu. Estivemos conversando sobre as recentes prisões de estudantes e combinando sobre como iríamos convocar uma manifestação para o dia seguinte, dentro das instalações da universidade, para protestar contra essa violação deslavadamente ilegal do direito de manifestar nosso ponto de vista. Também havíamos falado sobre namorados, desfrutando de dez minutos da conversa animada e dos risinhos que as garotas iranianas adoravam tanto na ausência dos rapazes; conversa e risinhos que pareceriam a uma garota ocidental tolice de adolescentes — mas que eram, a sua maneira, extremamente sérios.

Sem outro pensamento na cabeça a não ser o da distinta figura que eu fazia andando com parte do cabelo aparecendo e o queixo erguido, assustei-me quando um carro, um Peugeot verde, deu a impressão de que iria me atropelar, como bem poderia ter acontecido, uma vez que eu estava caminhando no meio da rua. Eu me preparava para dizer algo do tipo "Ei, cuidado, irmão!", mas não tive nem a chance. Uma mulher num uniforme da polícia saiu do carro e rapidamente exigiu meus documentos de identidade. Mais um minuto, e antes mesmo que meus documentos de identidade tivessem sido devidamente examinados, eu estava no banco detrás do carro com a mulher ao meu lado e um policial do outro lado. Um terceiro policial estava ao volante. Olhei ao redor para ver se minhas amigas tinham notado o que acontecera. Ambas corriam pela rua atrás do carro; contudo bastou acelerar por alguns segundos e elas ficaram para trás.

Sabia que possivelmente estava no pior tipo de apuro; que aquela prisão abrupta poderia acabar mal para mim. Já ouvira sobre outros estudantes — os quais também costumavam participar de protestos —, que haviam sido apanhados na rua dessa maneira, espancados até quase a morte e, depois, atirados em algum subúrbio afastado no meio da noite. Todavia isso não acontecia assim com tanta frequência e nunca com ninguém que eu conhecesse bem. Achava que, se a polícia quisesse algo de mim, eu seria apenas intimada para responder a algumas perguntas, o que poderia ser feito rapidamente, e, depois, voltaria para casa. Nunca acreditara que minha vida pudesse ser invadida por pessoas que julgava abaixo de mim. Um manto de esnobismo e pretensão, como pude perceber agora, era com o que contava para me proteger. E o que é mais ilógico nisto tudo é que ainda continuo a confiar nesses sentimentos como um escudo de proteção.

— Com licença — falei. — Aonde estou sendo levada e por que motivo?

— Para a delegacia — respondeu a mulher sem olhar para mim. — Temos algumas perguntas para você responder. — Seu tom não havia sido áspero; talvez um tanto entediado.

— Perguntas sobre que assunto?

— Você será informada.

— Quero ser informada agora.

A mulher me ignorou. O policial sorriu — totalmente ciente, creio eu, de que minha compostura era falsa.

Eu preparava outra pergunta quando o carro parou. Na escuridão, eu já começara o longo e agonizante processo de arrependimento de tudo o que já fizera que pudesse ter ofendido pessoas como aquelas no carro comigo. Era um processo de arrependimento e retratação.

Oh, Deus, o que fiz? Vou me desculpar tão logo me peçam isso. Eu me porei de joelhos. Vou prometer nunca mais fazer algo de ruim. Mas como eles se atrevem! Sim, como se atrevem! Não fiz nada de errado. Exigirei ser solta ou levarei a minha história aos jornais. Francamente, acham que estão lidando com uma roceira do meio do nada? Oh, minha mãe. Deus do céu, minha mãe! Ela vai morrer. Jamais será capaz de suportar isto! Direi a eles que não sabia o que estava fazendo. Fui levada pela coisa toda. Tenho maus amigos; eles me levaram para o mau caminho. Sou jovem demais para saber o que estou fazendo. Mas Arash — o que ele pensaria? Ele terá tanta vergonha de mim. Julgará isso uma desonra para mim. Apenas fingirá que entende por que implorei aos policiais, mas, na verdade, ficará desapontado. Bem, sabe de uma coisa? Não vou implorar nada. Nada! Isto é ilegal, o que eles estão fazendo — ilegal! Deus do céu, policiais não são bem pagos o bastante para comprar desodorante? Credo! E ela também. Papai me arranjará um advogado. Vai ficar tudo bem.

Ouvia sons de trânsito enquanto rodávamos, mas não muito nitidamente. Não fazia ideia do lugar para onde me levavam. Duvidava que iria para uma delegacia. Em Teerã há delegacias de polícia por toda parte; poderiam ter chegado até uma em sessenta segundos. Então, se não era para uma delegacia de polícia, para onde estavam me levando?

A cada minuto que passava, minha boca ficava mais e mais seca. Se continuasse assim não teria saliva o suficiente para implorar e certamente não o bastante para gritar.

O carro finalmente diminuiu a velocidade, fez uma curva acentuada e parou.

A policial cutucou-me com o braço.

— Mexa-se — disse — mais uma vez, sem aspereza.

A mulher desceu atrás de mim, mantendo a mão em meu ombro. Eu só usara uma venda quando criança durante as brincadeiras infantis. Lembrei-me do delicioso misto de euforia e receio daquelas brincadeiras, com minhas amigas gritando: "Zarah! Zarah! Você vai cair num penhasco! Cuidado!". Agora, era diferente. Não havia alegria em meu medo. Imaginei um cassetete erguido, pronto para me golpear, ou um punho. Ofegava feito um gato apavorado, meu coração estava tão disparado que parecia prestes a explodir. Podia ouvir algumas palrices, como o trinado de pássaros numa grande gaiola, com a diferença de que o ruído era humano.

— Pare — disse a policial, e fiquei imóvel no ato.

Tentei fazer com que minha imobilidade parecesse exemplar, como para mostrar que era realmente uma boa menina, capaz de obedecer a qualquer ordem. Fiquei aturdida enquanto tentava imaginar o que acontecia à minha volta. Pessoas esbarravam de leve em mim, como se estivessem apressadas em seu caminho para algum lugar. Ouvi risos e, depois, uma voz masculina muito grave ordenando que os risos cessassem.

A policial removeu-me a venda, contudo deixou o chador no mesmo lugar. Levei apenas alguns instantes para me dar conta de que estava em um grande centro de detenção. Vários policiais estavam ao redor, parecendo esgotados, mas outros estavam atarefados junto às suas mesas, preenchendo papelada ou registrando informações de uma dupla de mulheres jovens que se achavam diante do balcão. Meu primeiro pensamento, além daquele que me deixava plenamente ciente do meu medo, foi: "Por que policiais sempre parecem tão pouco saudáveis? Nunca comem legumes e frutas?".

Uma policial — não a que estava me vigiando — começou a gritar com as mulheres e as adolescentes encostadas nas paredes de concreto do lugar. Gesticulou com as mãos, como se estivesse tentando reunir um bando de galinhas diante de si. As mulheres e as adolescentes se juntaram à minha volta. Eu continuava parada feito uma estátua, mal me atrevendo a mover os olhos, quando me dei conta de que eram todas prostitutas, até mesmo as bem jovens. Deviam ter sido recolhidas nas grandes varreduras da cidade que os policiais e o Basij faziam dia e noite e levadas até ali para serem multadas ou presas.

— Boa tarde a vocês — falei às mais próximas a mim, mas elas apenas me olharam e sorriram desdenhosamente.

— Mais uma ave da universidade — comentou uma delas com a colega ao lado.

As mulheres eram bastante argumentativas. Na verdade, todos os iranianos costumam argumentar quase o tempo todo, e aquelas mulheres não haviam deixado de lado seus maus hábitos só porque estavam na prisão.

Exigiam saber por que tinham sido presas, embora o motivo fosse óbvio.

— E quanto a mim? — indagou uma adolescente. — O que fiz, afinal? — Usava short.

Outra apontou para os lábios, declarando:

— Isto não é batom. Chupei um pirulito.

As demais riram de sua desculpa, e até ela própria começou a rir. Oh, Deus, como gostaria de ser uma delas, uma daquelas mulheres ousadas! Teria ficado contente em partilhar da punição delas, de ter dividido uma cela com qualquer uma delas durante um ano, se necessário. Ao menos elas sabiam o que enfrentariam; provavelmente já haviam passado por tudo aquilo antes. Entretanto eu apenas sabia que estava em sérios apuros, ou em algo muito pior do que isso.

A policial que estivera no Peugeot comigo cansou de esperar e saiu resmungando que tinha coisa melhor a fazer do que ficar ali à toa o dia inteiro. Permaneci completamente imóvel, nem sequer me arriscando a mudar o peso do corpo de um pé para o outro, pois isto poderia ser visto como um sinal de insolência. As mulheres ao meu redor obviamente me achavam uma tonta. Sacudiam a cabeça e soltavam pequenos risos de escárnio.

Finalmente o policial de voz estrondosa aproximou-se de nós e fez um gesto com as mãos, indicando que todas nos movêssemos. Numa extremidade da sala de detenção, um portão alto de metal estava aberto e fomos conduzidas para dentro. O portão, então, foi fechado e trancado. As demais mulheres, já antevendo o tédio, procuraram maneiras de ficar um pouco mais confortáveis — recostando-se nas paredes, apoiando-se com os ombros umas nas outras —, mas eu continuei parada numa postura ereta, obediente. Quando vi que os policiais não prestavam atenção a nós, arrisquei-me a falar com uma das mulheres.

— Você poderia telefonar para minha mãe quando sair? — sussurrei. — Eu ficaria imensamente grata. Por favor, poderia lhe telefonar e dizer que fui presa?

A mulher, longe de ser jovem quando a olhei mais de perto, sacudiu a cabeça sem pressa.

— Você é prisioneira política — disse. — Se eu fizer algo por você, me envolverei nessa merda.

— Por favor. Tenho um pouco de dinheiro. Eu o darei a você.

— Não.

Ela se afastou de mim, porém eu a segui discretamente, o tempo todo olhando por sobre o ombro.

— Você sabe o que vai acontecer? — perguntei-lhe. — Pode me dizer isso, ao menos?

Ela não olhou para mim em princípio, mas, então, arriscou um olhar.

— Evin — falou.

— Tem certeza?

— Você me perguntou, irmãzinha, e estou lhe dizendo.

Quis perguntar mais, no entanto a mulher tornou a se afastar de mim.

"Deus, por favor, me proteja!", pensei.

Tornando a assumir minha pose de estátua, aguardei. Meus batimentos cardíacos haviam diminuído, provavelmente resultado de eu ter ficado tão imóvel durante duas horas; mas agora meu coração estava de novo acelerado. E ficar imóvel não ajudou dessa vez. A sensação era a de que o meu cérebro tinha paredes que se consumiam como papel mantido próximo a uma chama. Pensamentos que normalmente ficavam separados e ordenados formavam um turbilhão caótico. Meu único pensamento claro, porém, aquele que resistia ao caos em torno dele, era simplesmente: "Não tenho força para isto tudo".

Capítulo 23

Uma vez que saí do carro, o guarda me conduz empurrando de leve o meio das minhas costas a cada dois passos. Estou tão acostumada a andar vendada que desenvolvi uma espécie de radar para perceber o que está a minha volta. Não tenho meio de confirmar meu palpite, mas sinto que estaria certa se pudesse enxergar repentinamente. No momento, tenho certeza de que há um grande edifício diante de mim; e, sem dúvida, ouço o ruído de portas de correr um instante antes de o frescor do ar resfriado artificialmente envolver meu corpo.

Sou guiada adiante por esses cutucões por uma boa distância no interior do edifício. Imagino um imenso saguão ao meu redor. Ouço passos ecoando. A superfície em contato com os meus pés descalços me intriga. Não é concreto; é algo mais sólido do que concreto, o que dá uma surpreendente sensação de firmeza, uma vez que me acostumo a caminhar aqui descalça. Não, isso parece mais um piso cerâmico, ou alguma espécie de pedra. Não deixo que o medo aumente, mas parece, de fato, que estou num imenso complexo de escritórios; um ministério, talvez, em lugar de um calabouço nas profundezas da terra com um cadafalso à espera. Não me enforcarão aqui, embora talvez eu esteja aqui para as preliminares de um enforcamento.

Sou conduzida enquanto pareço dobrar um corredor e, depois, outro. Algo roça meu ombro; algo que se curva. Folhagens? Uma planta ornamental? Uma porta se abre e atravesso a soleira. Estou andando rapidamente, muito mais depressa do que ao longo dos corredores de Evin. Minha sensação é a de que uma transação de negócios está para ser realizada; tudo nesta experiência tem um aspecto de rapidez, agilidade.

O guarda ordena que eu pare e fique imóvel. Por um momento, suspeito de algum ardil. Um gosto amargo de bile sobe até minha boca. Enganei a mim mesma? Estou, na verdade, na frente de um pelotão de fuzilamento? Mas, então, o guarda retira rapidamente a venda e, depois de piscar algumas vezes por causa da luz forte acima, vejo que estou, de fato, em uma espécie de edifício de escritórios, diante de uma porta que ostenta uma placa. A placa não foi afixada adequadamente; está um pouco mais alta de um lado do que do outro. Seus dizeres não fazem sentido; acho que é uma escrita errada de "Não entre". O guarda adianta-se ligeiramente à minha frente a fim de abrir a porta, e vejo pela primeira vez essa pessoa que esteve sentada ao meu lado no carro e empurrando minhas costas. Não é alto nem baixo, e passaria completamente despercebido em todos os outros aspectos: nem bonito, nem feio, nem sequer regular; apenas um sujeito bem comum.

A porta abre-se e estou olhando para o que parece ser um conjunto de escritórios de administração: uma mesa com uma superfície lisa de fórmica; cadeiras de plástico com pernas de metal; grandes retratos, na parede, do aiatolá Khomeini e de seu sucessor como líder espiritual da nação, o aiatolá Khamenei, ambos com turbantes idênticos de mulás e barbas brancas igualmente idênticas.

Um homem alto de terno escuro com o colarinho da camisa aberto está parado ao lado da mesa, olhando para mim por cima dos óculos, que estão apoiados na metade do nariz. Embora seja jovem — talvez uns 20, 27 ou 28 anos —, tem um ar importante, exatamente como deseja demonstrar, não tenho dúvida. À direita dele, há uma mulher também jovem sentada a uma mesa com as mãos trabalhando num teclado de computador. Ela me olha por meio segundo sem interesse algum. Há outro homem na sala, sentado à esquerda do senhor Importante. É mais velho, de meia-idade, e, por alguma razão, tenho a impressão de que já o vi antes. Onde? Não consigo me lembrar da ocasião. O Homem Mais Velho nem sequer se dá ao trabalho de olhar para mim. Estou olhando para as unhas dos meus pés descalços, onde um pouquinho de esmalte cor-de-rosa permanece. Foi meu sobrinho pequeno que pintou minhas unhas de rosa. Foi um grande projeto para ele; um projeto feliz, com uma ligeira pitada de travessura.

— Sente-se, irmã. — Enquanto fala, o senhor Importante senta-se ele próprio atrás da mesa lisa e faz um gesto com a mão para que o guarda se retire.

Adianto-me por uma breve distância até uma fileira de cadeiras de plástico marrons e sento-me na mais próxima com as mãos dobradas sobre o colo. O senhor Importante abre uma pasta e inclina-se para a frente para ler seu conteúdo. A mulher junto ao computador mantém as mãos posicionadas acima do teclado. O Homem Mais Velho, aquele que me é familiar, desvia o olhar para um lado, não observando nada em absoluto.

Essas pessoas não estão com pressa. A rapidez que percebera antes diminui.

Talvez dez minutos tenham se passado até uma batida soar à porta atrás de mim.

— Sim, entre — diz o senhor Importante, erguendo os olhos da pasta.

A porta se abre. Viro a cabeça quase imperceptivelmente. É meu interrogador, o Fedorento. O fato de vê-lo ali desencadeia de modo instantâneo uma reação de repulsa em mim. Levo a mão ao rosto involuntariamente, como se estivesse me preparando para uma bofetada.

— Bom dia, *haji* — cumprimenta ele, dirigindo-se ao senhor Importante. Ele une as mãos na posição de prece e se curva numa ligeira reverência na direção do Homem Mais Velho, mas não se dirige a ele com palavras.

— Desculpe pelo atraso — diz Fedorento, sentando-se duas cadeiras depois da minha. Um quê de algum tipo de fragrância chega às minhas narinas. Fedorento estava usando colônia! O perfume que disfarça seu cheiro nojento é bem parecido com as boas maneiras que ele finge ter na presença das outras pessoas.

Com a chegada de Fedorento, sinto brotar uma reação perigosa dentro de mim. No começo, de ódio e repulsa; mas o que estou sentindo agora é bem pior, pois tenho a impressão de que posso me levantar de repente e cuspir na cara dele. Fico horrorizada com esta ideia, entretanto não sei se sou capaz de recobrar o controle. Baixando a cabeça até o peito, fecho os olhos com força e digo silenciosamente a esse demônio que adentrou em minha mente: "Pare! Pare!".

Percebo um som bem próximo e abro os olhos. O Homem Mais Velho inclinara-se para a frente e está tamborilando com os dedos na superfície da mesa.

— Olhe para cá — ordena ele. Sua voz contém um ar ameaçador, e eu obedeço.

O demônio na minha cabeça se foi.

O senhor Importante pigarreia e começa a falar, ou, mais especificamente, a entoar, pois está falando em árabe formal e ao jeito de um mulá:

— Em nome de Alá, que nos perdoará por quaisquer erros que cometamos, e de seu profeta Maomé, e de Seu livro, o Alcorão, o qual nos guiará até o Seu paraíso prometido.

Tais palavras são usadas em muitas ocasiões formais no Irã, sempre como uma introdução a algo oficial. Entendo, pela primeira vez, a razão para eu estar aqui hoje. Isto é um tribunal. Ouvi essas palavras em sessões televisionadas dos Tribunais Revolucionários. Foi onde já vi o homem mais velho?

A mulher junto ao computador começa a falar depois do senhor Importante, lendo o que está escrito na tela do monitor. Sua voz é melosa demais, e ela tem um jeito irritante de prolongar a sílaba final da última palavra de cada frase.

— Zarah Ghahramani, estudante de tradução, Faculdade de Idiomas da Universidade de Teerã. Nascida no Ano do Profeta de 1360, trigésimo primeiro dia de Shahrivar. Certidão de nascimento número 843. Essa é você?

Confirmo com um gesto de cabeça.

A Mulher de Voz Irritante, que parece ter mais autoridade do que julguei em princípio, pergunta num tom estridente:

— Essa é você?

— Sim — respondo.

Ela volta a olhar para a tela do computador e continua a ler.

— Você foi acusada de vários delitos. Um: perturbar o ambiente da universidade, tornando-o constrangedor para outros estudantes e professores. Dois: encorajar outros estudantes a cancelar aulas em várias ocasiões. Três: escrever artigos criticando o governo da República Islâmica do Irã e questionando as leis do governo em diferentes áreas. Quatro: fazer discursos no *campus* e no interior dos prédios, das classes e escritórios da universidade, protestando contra os válidos julgamentos da Suprema Corte Revolucionária em relação a julgamentos feitos nos casos de companheiros estudantes acusados. Cinco: encorajar estudantes da universidade a protestar nas ruas, causando, assim, tensão entre os estudantes e a polícia. Seis: manter um relacionamento sexual imoral e ilegal com o colega acusado Arash Hazrati.

Ela para aí e olha na direção do senhor Importante.

Nada é dito por um período breve. O que quero dizer é "E daí?", mas fico em silêncio, é claro. Percebo, então, que todos estão à espera de que eu fale. Não sei o que poderia dizer que seria do agrado deles. Talvez "Culpada. Terrivelmente culpada. Irremediavelmente culpada".

O senhor Importante está olhando fixo para mim.

— Senhorita Ghahramani, admite que cometeu esses delitos? — pergunta ele.

Não digo nada.

— Senhorita Ghahramani, já foi considerada culpada das acusações contra você. Admite que cometeu esses delitos?

— Quer dizer que já fui levada a tribunal? Que já fui a julgamento? — Tento fazer essas perguntas de uma maneira impassível, contudo certa dose de raiva soa em meu tom de voz.

— Estamos apenas anunciando a você o resultado de seu julgamento — informa o senhor Importante. — Sua culpa já foi comprovada.

— Quem foram meus acusadores? Quem disse que fiz essas coisas?

Mais uma vez, a raiva.

O senhor Importante parece estar reunindo paciência. Coça a têmpora antes de responder.

— Seus acusadores foram a Corte Revolucionária e a Representação Pública. Todos os requerimentos legais foram rigorosamente observados.

— Tive um advogado?

— Oh, sim. Teve um excelente advogado. Seu advogado foi Arash Hazrati. Você o consideraria um bom advogado, não é mesmo, senhorita Ghahramani?

Ele me olha com um ligeiro sorriso, e noto que o homem mais velho também se permite sorrir.

O demônio volta à minha mente com toda a força. "Foda-se você e o seu tribunal!" é o que eu teria dito se tivesse a loucura e a coragem de Sohrab. Deixando a cabeça pender até o peito, apenas movo os lábios para dizer essas palavras silenciosa e rapidamente, dando a impressão de que estou orando.

— Não tenho nada a dizer. — É a única resposta que dou.

A Mulher de Voz Irritante aproveita a deixa e recomeça sua ladainha, lendo as palavras na tela do computador:

— Em nome de Alá, a acusada Zarah Ghahramani foi declarada culpada de acordo com provas reunidas durante interrogatórios. A acusada passará trinta dias na prisão, os dias já passados em detenção a serem descontados da sentença de trinta dias. A acusada será destituída dos benefícios de cursar a universidade. A acusada reembolsará os fundos providos pelo Estado para sua educação. A acusada tem conhecimento de que abusou da generosidade e do orçamento do governo para a educação. A acusada não terá permissão de retomar seu curso na universidade em que o cursava em momento algum do futuro. A acusada não terá permissão de se matricular em nenhuma universidade da República Islâmica no futuro. A acusada não terá permissão de se empregar em nenhum jornal ou revista. A acusada não deverá se envolver em subversão política nem por meios verbais, nem por meios escritos. Tem alguma coisa a dizer em sua defesa?

Fico atônita com a pergunta, mas apenas por alguns segundos. Dou-me conta de que minha presença aqui não passa de uma simples formalidade. Em nome de Deus, tenho alguma coisa a dizer em minha defesa? Eles me perguntam isso depois de me dizerem que meu caso já foi decidido. É óbvio que uma pessoa só pode prosperar num governo como o de meu país se ela não tiver nenhum senso de ridículo ou vislumbre que seja de senso crítico.

Entre meus amigos, coisas ridículas tornam-se motivo de chacota. E nós, quando falamos algo ridículo, nos sentimos embaraçados com isso. Mas essas pessoas — meu vil interrogador, o Fedorento, o senhor Importante, o Homem Mais Velho de voz ameaçadora e a imbecil irritante Mulher de Voz Irritante — não se sentem nem um pouco embaraçadas. Simplesmente nada do que está acontecendo importa para elas. Sei que dizem que o poder corrompe, no entanto deviam acrescentar que a corrupção começa com os poderosos perdendo o constrangimento por serem ridículos. Por que se importariam se alguém risse deles? Sabem que podem fazer você esquecer o riso para sempre se quiserem. São donos da dor. Ela é a serva deles. No final, embora meus amigos e eu desejássemos acreditar no contrário, uma pessoa conseguirá o que quer bem mais depressa com uma serva cruel como a dor para levar adiante seu intento do que com um servo inteligente como o riso.

— Não — respondo olhando para minhas mãos sobre o colo e acrescento num sussurro: — Por que simplesmente não me matam? — Fico chocada com o que sussurrei e espero do fundo do coração que não tenha chegado aos ouvidos dessa gente. Continuo a olhar para minhas mãos. Quando ergo os olhos de relance, não sei dizer, de imediato, pela expressão do senhor Importante e do Homem Mais Velho se eles ouviram o que acabei de falar.

— Sua confissão se tornará pública a seu devido tempo — declara o senhor Importante. — Que Deus abençoe a todos nós.

Parece que não ouviram, pois o senhor Importante fecha a pasta e tem o ar de quem já está pronto para passar para algum outro caso. Fedorento deixa a sala e retorna com a minha venda. Ele a coloca por cima da minha cabeça e me diz para me levantar. Ouço o Homem Mais Velho dizendo a Fedorento:

— Deus te abençoe, *haji*. Espero poder compensá-lo algum dia.

E Fedorento responde:

— É o meu dever. Não mais do que o meu dever, *haji*.

De volta à minha cela em Evin, toda a amargura e a raiva que não pude expressar no tribunal fervem em meu coração e cabeça. Arranho meu couro cabeludo em retaliação por minha covardia. Sinto aversão por mim mesma. Deveria ter cuspido em Fedorento. Deveria ter cuspido em todos eles, especialmente na mulher junto ao computador, que, depois de uma retrospectiva, é ainda mais irritante para mim do que foi antes. É pelo fato de ser uma mulher e de saber o que me fizeram e, mesmo sabendo, ficar sentada lá e ler todo aquele lixo em sua tela de computador como a paspalhona que é? Talvez. Ou talvez seja pelo fato de ela ser mais do meu tamanho? Se eu tivesse pulado em cima dela e a esmurrado, poderia ter lhe quebrado os dentes sem a menor dificuldade.

Então, começo a pensar no que foi dito no final do "julgamento". Lembro-me do Homem Mais Velho dizendo a Fedorento: "Espero poder compensá-lo algum dia". O que aquilo queria dizer? Andando de lá para cá no pequeno espaço que tenho, tento entender o significado daquelas palavras, mas não consigo. Enfim, quando pareço ter desistido de entender é que me ocorre o sentido daquilo tudo, e eu paro de andar, sussurrando:

— Desgraçados!

Foi um acordo. Meu interrogador, Fedorento, ou Gholam, para lhe dar seu verdadeiro nome, entregara-me viva, e agora o Homem Mais Velho lhe devia um favor. Isso foi o que a intervenção de Behnam provavelmente me assegurou. Isso é o resultado de vários subornos, promessas e tapinhas nas costas: Gholam, que deve ser uma autoridade ele mesmo, concordou generosamente em não ir tão longe quanto poderia. O que disseram a ele as pessoas nesse grupo de trocas de favores e ofertas de subornos? "Oh, divirta-se com ela, não há problema, mas, se puder evitar, não a mate. E quanto ao lugar especial, Gholam? Sabe o seu lugar especial? É melhor não levá-la até lá." E, compreendo, foi provavelmente onde vi o Homem Mais Velho — em algum evento de figurões a que fui com Behnam.

Desgraçados!

E qual é o destino daqueles que não têm amigos em posições elevadas? Aqueles que não podem exercer influência sobre Gholam para que modere seus métodos? Os que não têm condições de pagar ou fornecer "presentes" pelos quais as pessoas nesse grupo anseiam tanto? A geladeira nova, a lava-louça, o televisor gigante, as passagens de avião para Paris? O Irã tem um mercado de punição, ao que parece, onde o tormento de uma jovem pode ser trocado por uma máquina de lavar roupas.

— Pensei que você tivesse ido de vez. — É a voz de Sohrab acima de mim.

— Fui ao tribunal.

— Você vai para casa?

— Eles disseram que sim, mas não acredito. Disseram que não poderei ir mais para a universidade, nem escrever mais.

— Você escreve?

— Um pouquinho.

— Eu não leria. Deve ser lixo.

— Por que diz isso?

— Conheço pessoas como você. Acham que podem tornar tudo bonito. Acham que podem transformar Gholam numa roseira. Que desperdício de papel e caneta!

— Ele cheirava como uma roseira hoje. Foi ao tribunal.

— Vocês enganam a si mesmos. Iludem-se contando histórias infantis a si mesmos. Vocês me enojam.

— Puxa, você está de ótimo humor!

— Um cassetete cai sobre suas cabeças e vocês se desmancham em lágrimas. Mas ficam bem debaixo do cassetete. Desprezo todos vocês. Desprezo você especialmente.

— Oh, cale-se. Cale-se e caia fora, porra!

— Princesa! Nunca a ouvi dizer um palavrão!

— Bem, vá se acostumando.

— Diga outra vez.

— Não.

— O cordeirinho está se transformando num lobo. Ora, Evin lhe fez algum bem, afinal.

Não tenho nada a dizer a Sohrab durante o resto do dia. Odeio quando ele é sarcástico.

Sentada no cobertor, tento imaginar que tipo de vida irei ter agora. Não poderei estudar. Nem escrever. Posso ser balconista ou algo parecido. Desde que não converse com os clientes. Desde que não faça nenhum comentário subversivo sobre o sabonete que alguém está comprando, nem diga que uma marca de creme dental é melhor do que a outra. Desde que eu pare de pensar por completo e apenas diga "Bom dia" a todos e nada mais. Desde que eu não leia nada a não ser os jornais aprovados pelo regime e as revistas cheias de histórias sobre os inimigos malvados do Irã e as perversidades que eles tramam fazer. Ora, sabe que algumas dessas nações perversas que querem que a revolução do povo iraniano fracasse, na verdade, torturam pessoas? Isso mesmo, torturam! Oh, devem ser indivíduos realmente muito perversos para fazer isso!

Estou tentando esquecer que a minha bexiga está cheia. Sei que a nova agente penitenciária está em seu turno, aquela que quer dormir comigo, segundo Sohrab. Fechando os olhos, tento imaginar que sou uma esponja seca, capaz de absorver litros e litros de água. Mas não adianta. Tenho de colocar o papel verde pelo vão.

E ela vem para me levar ao banheiro de imediato. Devia ter estado parada junto à porta, à espera do papel verde. Quanta dedicação! Ela irá longe em sua carreira.

— Você pensou no que eu disse? — pergunta ela tão logo abre a porta.

— Não sou drogada.

— Todo o mundo usa drogas. Não seja boba.

— Bem, eu não uso.

Ela pega minha mão e a segura enquanto caminhamos pelo corredor até os banheiros. Não crio caso por isso. Se não chegar logo ao banheiro, vou fazer xixi na calça. Ela espera do lado de fora da porta do cubículo. Estou sem a venda, o que é permitido, desde que a tenha colocado de volta quando sair. Odeio a ideia de que ela esteja me ouvindo urinar, mas não posso lhe dizer que se afaste. Geralmente os agentes penitenciários esperam do lado de fora da entrada dos banheiros, poupando os prisioneiros do constrangimento.

Inesperadamente, ela abre a porta e olha para mim. Fico chocada demais com sua aparência para gritar; simplesmente a encaro de volta. É bem mais jovem do que imaginei, com apenas uns 30 anos ou algo em torno disso. É magricela e baixa, bem mais baixa do que eu, o que é outra surpresa; pensei que fosse alta. É obviamente do Sul — de compleição morena, como muitas pessoas no Sul do Irã. Entretanto o aspecto realmente chocante não tem nada a ver com a idade ou a altura dela, mas com a horrível deformidade em seu rosto. É achatado, como se todos os traços salientes tivessem sido queimados ou cortados e, então, precariamente reparados com cirurgia. Ela me deixa encará-la. Por causa das deformidades, é impossível dizer se está sorrindo ou franzido a cara.

Levanto-me e fico diante dela, provavelmente com uma expressão de puro horror estampada no rosto. Ela se aproxima para segurar meus ombros ou talvez me abraçar. Mesmo nesse momento, eu me desafio a me conter para não demonstrar nenhuma repulsa diante de seus traços, contudo não consigo. Empurro-a com as mãos, usando toda a força que possuo, derrubando-a de costas para fora do cubículo. Saio correndo dos banheiros até o corredor.

E eis um novo choque para mim, pois essa é a primeira vez que olho para o corredor com os meus olhos em vez de minha visão por "radar". É muito, muito maior do que pensei, intensamente iluminado e todo em preto-e-branco, com câmeras por toda parte nas paredes, espiando para baixo feito insetos. O corredor em que estou se estende infinitamente atrás de mim e à minha frente. Centenas de portas enfileiram-se ao longo dele e, em certos intervalos, corredores transversais conduzem à esquerda e à direita. Estou paralisada no lugar diante da vastidão de Evin. Isto não é apenas uma prisão. Este forte imenso, inchado, para o isolamento de assassinos, ladrões, prostitutas, estelionatários, bêbados e manifestantes é uma cidade por si só, com outra cidade circundando-o. O forte arrasta pessoas da cidade externa para dentro de seus portões a fim de preencher suas celas, como se o afluxo dos aprisionados fosse seu sangue, sua substância vital. Meus amigos estão aqui em algum lugar. Mesmo com uma semana de procura, como eu os encontraria? Não consigo sequer saber o caminho de volta até a minha própria cela!

Assim, permaneço onde estou, incapaz de mover um músculo. O lugar inteiro está silencioso: nem gritos, nem soluços, nada, absolutamente nada. Agora ouço os passos da agente penitenciária se aproximando de mim. Virando-me, olho para ela, para o rosto que mal existe; o rosto que não revela nada exceto seu aspecto grotesco. Ela caminha direto até mim e coloca a venda por cima da minha cabeça. Dá-me uma bofetada com força em seguida — força o bastante para fazer meus ouvidos zumbir. Apesar do zumbido, consigo ouvir alguém correndo em nossa direção.

— O que foi, irmã?

É uma voz masculina.

— Ela me empurrou no banheiro e tentou fugir. Perdeu o juízo.

O homem agarra meu rosto e o segura afundando os dedos em minhas bochechas.

— Vadia — diz apertando com mais força. Meus lábios e nariz estão comprimidos.

Ele começa a me puxar pelo corredor, comprimindo meu rosto com a mão, mas, então, passa a segurar meus ombros e me arrasta tão depressa que mal consigo me manter de pé. Ouço o som da minha cela sendo aberta — conheço seu som — antes de ser atirada pelo ar, caindo em parte no chão e em parte contra a parede. O violento arremesso acabou tirando minha venda do lugar. O guarda chuta-me onde estou deitada, mirando o estômago, porém errando. Ele me coloca de pé e me esmurra enquanto me segura. Não consigo sustentar meu peso e caio. O guarda deixa-me cair e, em seguida, inclina-se sobre mim, batendo-me com ambos os punhos. Os socos atingem meu rosto, os ombros, o peito.

Ainda há algum vestígio da minha vaidade, por isso esforço-me para me desviar dos murros no rosto, principalmente na boca e nos lábios. Quero manter meus dentes, pelo menos. Não consigo fazer isso por muito tempo, pois luto para me afastar e vou me arrastando até me ver de encontro à parede, sem mais lugar para escapar. O guarda continua me espancando com seus punhos e atingindo cada parte de mim que consegue alcançar. A sensação é a de que meu corpo inteiro é um único, profundo e latejante machucado onde mais e mais socos são desfechados. Enquanto me contorço, vejo de relance a agente penitenciária parada diante da porta aberta da cela assistindo a tudo. Se está tripudiando, não sei dizer. Tento suplicar, mas não consigo terminar nem uma só palavra. A dor que sinto é a pior que já enfrentei.

Então ouço outro som, um monte de palavras estridentes que incluem meu nome e uma enxurrada de palavrões. É Sohrab gritando a plenos pulmões.

O guarda afasta-se de mim, respirando sofregamente para recobrar o fôlego. Tento me ajoelhar, talvez imaginando que posso correr. O guarda torna a atravessar a cela com um grande passo e está em cima de mim outra vez, esmurrando-me com energia renovada. Minha última imagem antes de desmaiar é a da agente junto à porta. Está parada com as botas unidas, como em posição de sentido.

Desperto com a cara no chão. Talvez pouco tempo tenha se passado desde que desmaiei. O homem que estava me espancando se foi, acho eu. Tento erguer a cabeça, mas não consigo. A dor está vindo de tantas partes de mim que estou desnorteada, incapaz de tocar algum ponto com os dedos para ver se há um corte ou ossos fraturados. Não consigo abrir os olhos por completo, o pouco de visão que tenho parece anuviada pelos cílios. A respiração piora a dor. Tento conter o fôlego, mas isso é pior ainda. Há algo seriamente errado comigo.

— Acorde! Fale! Consegue me ouvir?

Quem é esse?

— Fale comigo! Consegue me ouvir?

É Sohrab. Nem sequer tento responder. Ele fica dizendo as mesmas coisas sem parar. Quero que se cale.

Tento um pequeno movimento, apenas de leve para o lado para aliviar a dor no peito. Preparo-me para uma onda de dor, mas ela não vem — não em uma onda, ao menos. Permaneço imóvel, pensando em meu gesto seguinte. Ergo a mão, querendo tocar meus dentes para saber se foram quebrados, no entanto esse movimento traz a onda de dor que havia esperado antes. Faço uma pausa e, então, persisto. Tento sentir os dentes com a língua, mas não dá certo. Acho que mordi a língua e dói demais movê-la. Levei os dedos à boca. Abro os lábios um pouquinho e toco. Meus dentes ainda estão no lugar.

Com pequenos movimentos e contorções, deixo meu corpo numa posição que é a menos dolorosa entre as que tentei. Não consigo fechar os olhos direito e, assim, contento-me em mantê-los semicerrados, com a visão embaçada.

Sohrab ainda está gritando.

— Estou bem — tento responder, porém tenho de colocar o rosto de lado e deixar o sangue escorrer. Levando a mão de volta ao rosto, limpo o sangue do nariz. Não sei se minha boca está sangrando ou se o sangue do nariz está escorrendo para dentro dela. Provavelmente ambas as coisas.

— Fale comigo! Consegue me ouvir?

— Estou bem.

— Consegue me ouvir?

Repetidamente tento fazer com que Sohrab entenda que estou bem, mas não consigo enviar minha voz até ele. Talvez minhas palavras soem como gemidos. Assim, não sei por quanto tempo fico dizendo com voz pastosa "Estou bem" e Sohrab gritando para mim "Você está bem? Consegue me ouvir?". Aquela tentativa toda de comunicação torna-se um tormento a mais para mim. Ouço, então, a porta da cela se abrir, e toda a dificuldade que tive tentando emitir um som alto desaparece e solto um grito.

A agente penitenciária está parada do lado de fora da porta, exatamente como estivera quando desmaiei. Consigo apenas enxergar seu vulto.

— Você teria dito não se eu fosse bonita? — pergunta ela.

Não consigo sequer encontrar forças para responder.

— Eu perguntei: "Você teria dito não se eu fosse bonita?".

Há um tom de ameaça em sua voz. Estou me empenhando ao máximo para lhe dizer "Não", porque acho que talvez seja a resposta certa.

— Eu era mais bonita do que você antes de terem bombardeado nossa rua. Sofri graves queimaduras. Minha família morreu. Não tenho amigos.

Por que, afinal, ela está me contando isso? É louca?

— Eu teria lhe arranjado algo bom. Mas tudo o que você me diz é "Não". Tudo o que diz é "Fique longe de mim", não é mesmo?

Como, em nome de Deus, ela espera que eu lhe responda? A mulher acaba de ver o guarda me espancar impiedosamente e agora quer me contar a história de sua vida?

— Você acha que pode escolher à vontade, não é? Não pode escolher à vontade em Evin. Você não é mais bonita. Está com uma aparência pior do que a minha. Ninguém iria querer você agora. Nem mesmo Gholam iria querer você agora.

Ela está chorando, acho eu. Sua voz está trêmula.

— Espero que mantenham você aqui para sempre — declara. — Quando me implorar para que eu lhe dê algo com que possa se matar, não terei nada para você. Você é como todas as outras. Odeio todas vocês.

Ela permanece parada ali, chorando. Ou, se não estiver chorando, deve estar tremendo de raiva. Consigo distinguir sua silhueta trêmula. Não sinto pena dela, se é o que espera. Quero que caia morta.

Ela fecha a porta, enfim, e se vai.

— Fale comigo! — pede Sohrab.

Quando acordo de manhã, o desjejum está à minha espera na bandeja. Não ouvi quando a colocaram por baixo da porta.

Apoiando-me sobre os joelhos e as mãos, obrigo-me a atravessar a cela, mas, a cada gesto, sinto a dor me percorrer. Espanta-me o fato de meu corpo poder manifestar dor em tantos pontos distintos. À noite, havia sido como uma grande massa de dor, entretanto, agora, cada junta do meu corpo transmite uma mensagem diferente de dor: dedos, joelhos, tornozelos, quadris, ombros, pescoço, as costas. Estou com inchaços por toda parte — língua, olhos, nariz, membros, tudo parece inchado e latejante; os lábios estão tão inchados que posso vê-los projetados para a frente quando abaixo os olhos.

Engulo a comida do desjejum sem mastigar nada e deixo a cabeça pender para trás a fim de poder despejar a água diretamente na garganta.

— Fale comigo! — grita Sohrab.

— Estou bem!

— Você está bem?

— Sim!

— Fale comigo!

Deixo que ele continue me chamando, mas não faço mais nenhuma tentativa de responder. É quase como se ele estivesse tentando aumentar meu sofrimento. Sei que não é o caso. Sohrab só está preocupado, porém estou cansada dele.

Deito-me de costas no cobertor malcheiroso e, milímetro a milímetro, movo as pálpebras para fechar os olhos.

"Se eles iam realmente me mandar para casa, talvez mudem de ideia agora", penso.

"Todas aquelas celas!"

A água que acabei de mandar goela abaixo foi diretamente para a bexiga. Terei de colocar o papel verde para fora. A dor e o sofrimento me fazem soluçar, mas não há lágrimas, apenas uma ardência insuportável nos olhos. Basta! Não posso sequer engolir água sem me expor a mais dor?

Empurro o papel verde por baixo da porta com o pé e aguardo a venda. Quero lhes dizer que é desnecessária — não consigo ver nada.

A venda é jogada pelo pequeno vão no meio da porta. Com esforço, coloco-a por cima da cabeça e dos olhos. Tenho de usar a parte de trás dos pulsos para arrumá-la, porque as juntas dos dedos não se dobram o suficiente.

A porta se abre; alguém agarra meu braço e me faz levantar. Não é a mulher. Talvez seja o guarda que me espancou ontem à noite. Ele me guia pelo corredor.

— Não tenho pena de você — declara. — Você pediu isso.

De volta à cela depois de ter aliviado a pobre bexiga, deito no cobertor e começo a pensar em meios de poder me matar se mais punição surgir. É um projeto mental importante descobrir um jeito de poder acabar com tudo, todavia, ao mesmo tempo, inútil. Não existe um jeito, a menos que eu consiga bater a cabeça na parede com força o bastante para rachar o crânio, mas é algo bastante improvável. Não há nada aqui que eu possa usar para me enforcar. Não posso me golpear até a morte com uma colher. Se eu rasgar um pedaço do cobertor e o enfiar pela garganta, isso me faria engasgar? Mas como eu poderia rasgar o cobertor? Precisaria de mãos e dedos sãos e de força nos músculos para fazê-lo.

O único alento que tenho é que a dor me faz perder os sentidos de vez em quando.

Sohrab, ao menos, parou de me chamar. Está gritando o nome de Leila outra vez — fala sobre como pretende estrangulá-la com as próprias mãos quando sair.

A noite chega. Preces noturnas. Nas celas de toda Evin, as pessoas estão ajoelhadas orando. Os guardas também. Estão todos rezando para o mesmo Deus.

Suporto a dor a noite inteira. Não estou mais perdendo os sentidos. Os desmaios cessaram.

De manhã, depois do Azan, a porta da cela é aberta. É a agente penitenciária com um guarda, não o que me espancou. O guarda ajoelha-se e começa a me esmurrar com o máximo de força que pode. Afastando minhas mãos do meu rosto, desfecha socos em minha boca. Usa o cotovelo para me golpear no peito e no estômago. Não grito. Tento da melhor maneira que posso proteger o rosto. Ouço Sohrab gritar para os guardas:

— Deixem a garota em paz, seus desgraçados!

— É o bastante — diz a agente. — Vamos.

O guarda para de me bater imediatamente. Não é tão motivado quanto o primeiro guarda que me espancou.

Estou tão imóvel no chão que não tenho certeza se estou viva ou morta. Talvez esta seja a exata maneira como as pessoas se sentem quando a vida se esvai de seus corpos. Nem um único movimento. Mas e quanto à dor? Os mortos não deveriam ter de suportar dor, ou, do contrário, qual seria a vantagem da morte?

Sohrab me chama.

— Como está a pequena campeã? — Está fazendo um trocadilho com meu sobrenome, "Ghahramani", que significa "campeão". É estranho, no entanto esses últimos socos em meu rosto parecem ter soltado um pouco a minha boca. Talvez fique pior do que nunca dentro de alguns minutos, mas, por ora, consigo abrir e fechar a mandíbula. É a adrenalina?

Sento-me, apoiando as costas na parede.

— Sohrab?

— Então, você está viva?

— Não.

— Quer dizer que está morta?

— Sim, estou morta.

Sohrab ri, divertido. É o tipo de comentário que adora.

— Pequena campeã! — exclama.

— Não sou campeã. Esta luta não é justa. Não vou vencer.

Ele torna a rir, ainda mais contente com esse comentário. Tem algo mais a dizer, algo complicado, entretanto meu alívio momentâneo da dor termina. Ela atinge meu rosto e meu tórax com uma ferocidade tão assustadora que temo que meu corpo se parta ao meio.

Perco os sentidos.

O resto do dia se passa numa rotina deplorável: desperto, tento me mover, torno a desmaiar. Acontece talvez umas quatro ou cinco vezes. Não importando quanto eu me sinta péssima, se há comida à minha espera na bandeja, rastejo até lá e a coloco na boca, bebendo a água depois. Não entendo muito bem por que faço isso, a menos que seja algum tipo de necessidade primitiva do corpo de se recobrar, sobrepujando a falta de interesse.

Não tenho de me preocupar quanto a encontrar um meio de me matar. Se me espancarem novamente, sei que morrerei. Se eu pudesse fazer qualquer coisa para evitar outro espancamento, faria sem um instante de hesitação. A agente penitenciária do Sul com o rosto deformado, o que quer que ela queira fazer, ela pode.

No terceiro dia desde o primeiro espancamento, descubro que consigo me sentar encostada à parede sem desmaiar. Sempre me sento de frente para a porta. Se ela começar a abrir, pretendo dizer uma prece pelos meus pais e irmãos e, então, render-me e tudo estará terminado.

Em minhas duas últimas idas ao banheiro, não vi sinal da agente penitenciária. Vi ambos os guardas que me bateram, porém. Não mencionam nada sobre os espancamentos. Não me espantaria se já os tivessem esquecido.

Meus lábios estão sarando e posso ver um pouco melhor. A língua arde, porém posso movê-la por dentro da boca. Os dedos estão quase bons. Fico tocando os dentes com a ponta dos dedos, assegurando-me de que estão no lugar. Se acontecer de eu sair daqui e melhorar, quero poder sorrir para as pessoas e ouvi-las dizer: "Ora, você continua com o mesmo sorriso encantador, pelo que vejo!".

— Quando você irá para casa? — pergunta Sohrab.

— Não sei.

— O que vai fazer se tiver que ficar aqui?

— Eu vou morrer.

— Acha que sim?

— Eu sei.

— Muitas pessoas acreditam nisso, Zarah. Há pessoas aqui que quiseram morrer cinco anos atrás.

— O que você pensou quando soube que ficaria aqui para sempre? — pergunto a Sohrab. Não me importo realmente com o que ele pensou, mas o som de sua voz me ajuda, por um breve momento, a esquecer o vazio e o desespero dentro de mim.

— Eu desejei ter matado alguns deles antes de ter vindo parar aqui. Teria sentido prazer em pensar neles mortos e saber que foi por minha causa.

— Isso é tudo?

— Isso é muito.

— Eu ficaria preocupada com a minha família. Minha mãe morreria.

— As pessoas esquecem você depois do primeiro pôr--do-sol.

— Não ouse dizer uma coisa dessas!

— É verdade. Ai de mim!

Sohrab me deixou zangada. Se pudesse colocar as mãos nele, esbofetearia seu rosto estúpido.

— Talvez as pessoas o tenham esquecido porque você é louco. Meus pais jamais me esquecerão. Nem depois que o sol se puser um milhão de vezes. Você não sabe como é ter um filho e amá-lo. Ninguém consegue esquecer um filho ou uma filha.

— Se é o que diz...

Permaneço em silêncio por algum tempo. Odeio Sohrab por pensar isso dos meus pais. Se eu não pudesse pensar neles, não teria nada. Embora não estejam aqui, estão me mantendo viva como se estivessem me alimentando com colheradas de sopa e me banhando com água quente.

— É uma coisa que não tiraram de mim — digo a Sohrab quando me sinto preparada. — Acredito nos meus pais. Para sempre.

— Princesa, eles não se importam com os seus pais. Não se importam com nada. Nada.

— Importaram-se com as minhas ideias. É por isso que estou aqui. Importam-se com o que eu digo e escrevo.

— Não, Zarah. Suas ideias não são do interesse deles. Puseram você aqui porque foi desobediente. Daqui a uma semana ou algo assim podem mudar de ideia sobre o que as pessoas têm ou não permissão de fazer. Tudo o que importa é que você faça o que eles dizem, o que quer que seja. É o suficiente para eles.

— Pessoas foram mortas aqui por suas ideias — digo a Sohrab num tom acalorado. — Como ousa dizer que eles não se importam?

— Ninguém mata ninguém por causa de ideias — retruca ele. — Você mata pessoas porque se dá conta de que elas não precisam mais estar vivas. Isso é tudo.

Eu me recuso a levar a conversa adiante. Sohrab se desculpa, mas não lhe respondo. Não tenho nada a dizer que possa rebater seu cinismo, no entanto sei que ele está errado. Ou, se o que Sohrab diz é verdade, então está certo... mas outras coisas também são verdade. Deito-me quieta de olho na porta, pensando em todas as coisas que aconteceram nos últimos dois anos. A lembrança que me deixa mais contente é a de ter ouvido um famoso cineasta iraniano quando um de seus filmes foi exibido na universidade para estudantes como eu, que gritavam palavras de ordem nas ruas. Depois do filme — *Respirando fundo* era como se chamava —, alguém da plateia disse ao cineasta que nada mudaria com o ato de se fazerem filmes sobre nossos problemas e que muito mais seria necessário.

O cineasta disse que houve um tempo, quando ele ainda estudava cinema, que era ilegal ter um videocassete em casa; então ele teve de comprar um exatamente da maneira como as pessoas compram drogas hoje em dia. Ele precisava ter condições de assistir a filmes de todas as partes do mundo para também poder fazer filmes. Seus pais, no entanto, haviam ligado para o Basij para dizer que o filho tinha um videocassete. Naquela época, disse (e estava se referindo aos anos que logo se seguiram à revolução, em 1979), as pessoas só conseguiam pensar de um jeito.

Assim, cineastas como ele acabaram na prisão — e escritores também, bem como artistas, homens de negócios e acadêmicos. Mas quando saíram da cadeia, essas pessoas persistiram. Fizeram seus filmes, escreveram seus livros, fizeram seus discursos e abriram negócios que vendiam produtos como videocassetes. Portanto as coisas mudaram um pouquinho, explicou o cineasta, e agora não havia apenas um único jeito de se pensar; havia um jeito e meio de se pensar, e, um dia, haveria dois jeitos, depois dois jeitos e meio. E o cara da plateia que alegara que tentar mudar as coisas com filmes era uma perda de tempo falou:

— Ou, então, talvez a gente passe de um jeito de pensar a menos de um jeito.

— Talvez — respondeu o cineasta. — Mas façam isso assim mesmo. Façam os filmes, escrevam os livros.

À noite, ouço Sohrab chamar o guarda para levá-lo ao banheiro. Não dá a mínima para o papel verde; apenas grita. Eu o ouço voltar do banheiro, rindo e xingando o guarda, chamando-o de cuzão. E penso: "Oh, Deus, não!". Sei que virão para espancá-lo e é o que de fato acontece. Há pelo menos dois deles surrando-o, e ele solta risos estridentes enquanto o espancam, gritando palavrões.

— Cuzões! Cuzões desgraçados e estúpidos!

Cubro os ouvidos com as mãos e emito o som mais alto que posso para bloquear o som do espancamento e os xingamentos. Quando terminam de surrar Sohrab, estou com os nervos em frangalhos.

— Nada mau — diz Sohrab, ainda ofegando. — Eu os deixei exaustos desta vez. Você ouviu?

— É claro que ouvi, seu imbecil! Eu te odeio! Você é doente!

— Você acha?

— Espero que morra um dia quando estiverem espancando você!

— Pode acontecer.

— Você deveria estar num hospício!

— Num hospício? Achei que já estivesse!

Não posso suportá-lo nesse estado de espírito em que me encontro. Às vezes, o adoro, quero cuidar dele e lhe contar histórias. E às vezes, como agora, quero que o levem para fora e o fuzilem.

Capítulo 24

Tenho um sono agitado, sabendo que amanhã é o dia em que supostamente serei libertada. Minha habilidade de acompanhar o passar do tempo aqui melhorou ao longo das semanas. Assim, será amanhã. Mas eles irão manter sua palavra? Eles irão me soltar, como disseram que o fariam? Não devo me permitir acreditar que honra tenha algo a ver com o modo deles de pensar. Tenho de fazer com que estes últimos vinte e nove dias resultem em algo mais além de apenas dor e humilhação.

Vi meus inimigos de perto, e agora sei coisas sobre eles que desconhecia antes. Jamais devo esquecer o que sei sobre meus inimigos. Minha vida me é valiosa, mas não vale de nada para eles. O mundo em si é valioso para mim, mas não o é para eles. Se acordo num dia de primavera e me visto e ando sob as árvores, observando a sombra do sol mudando no chão, sinto uma alegria que me faz querer sorrir para cada estranho que vejo. Mas eles não veem o sol, e a primavera não significa nada além de uma outra estação para imporem sua vontade, para recompensarem os obedientes e punirem os desobedientes. E não têm o menor desejo de sorrir para estranhos. Um estranho para eles não passa de um indivíduo cuja lealdade ainda não foi estudada e catalogada. Eles reservam seus sorrisos para aqueles que não têm perguntas a fazer; para aqueles que passam por Evin e pensam: "Deus aprova".

Deitada e enrolada no cobertor fedorento, presto atenção às partes machucadas de mim à procura de pequenos sinais de melhora. Toco os lábios com a ponta dos dedos, apalpo gentilmente as pálpebras e a área inchada sob os olhos. Movo a língua pela boca para ver se a ardência diminuiu, levo as mãos ao tórax e o apalpo, flexiono os músculos das pernas e avalio os protestos vindos das formas arroxeadas que mostram as marcas mais escuras deixadas pelos punhos dos guardas. Cinco dias depois dos espancamentos, consigo caminhar, falar e ver, e não há ossos fraturados.

— Podia ter sido pior — digo e não consigo conter um sorriso. Estou começando a falar como o meu louco, que é um conhecedor tão profundo de espancamentos.

Bem cedo, quando a oração matinal mal terminou, ouço um som à minha porta. Estremecendo, espero. Não esqueci a promessa a mim mesma — a de que, se eles voltarem para me espancar outra vez, rezarei rapidamente, abençoarei meus pais e irmãos e morrerei. Entretanto, a porta não se abre. Em vez disso, um embrulho é metido através do vão estreito e cai no chão. Fico onde estou, ainda esperando algo mais — algo pior —, mas uma contagem até cem se passa sem que a porta seja aberta. Vou até o embrulho e o abro. Eles me devolveram o vestido que eu usava quando me trouxeram até aqui: apenas um vestido simples, preto, de algodão, de comprimento quase até a altura dos tornozelos.

Eu me ajoelho com o vestido de encontro ao rosto, as lágrimas começando a rolar. Consigo sentir meu cheiro no tecido! Consigo sentir o cheiro da pessoa que eu era! Oh, isso atinge meu coração feito um punhal! É Zarah, aquela pobre e tola garota cuja vida era toda risos, beijos, devaneios e abaixo-assinados esperançosos! Oh, Deus, o simples fato de me lembrar dela faz com que eu queira esbofeteá-la e dizer-lhe que acorde! Oh, Zarah, sua criaturinha boba; sua pobre, burra e adorável garota!

O rosto molhado, coloco o vestido e aliso seus vincos. Fico, então, junto à parede detrás e espero, a venda em torno da testa, pronta para ser baixada até os olhos.

Um guarda bate na porta com o punho — o sinal para eu cobrir meus olhos. Ele irá esperar dois minutos e, então, abrirá a porta. Chamo Sohrab.

— Você está acordado? Eu vou para casa.

Ele responde de imediato; acho que esteve à espera.

— Tenha uma jornada segura — responde ele.

— Colocarei flores no túmulo da sua mãe. Margaridas, como você disse.

— Seria bom. Obrigado.

— Eu me lembrarei de você!

— Até o pôr-do-sol — fala e ri.

O guarda abre a porta. Pegando meu braço, diz:

— Vamos.

No elevador, entrega-me a outra pessoa. Não sei quem é; a voz não é familiar. Mas é um homem que talvez já tenha me visto antes, quem quer que seja, porque comenta com o guarda:

— Você não a tem alimentado? — E solta um riso. Ele me vira e rapidamente amarra meus pulsos junto às costas com o que parece ser uma tira plástica.

Do elevador, sou levada até um carro, exatamente como seis dias atrás quando fui ao tribunal. Uma vez no carro, o homem que esteve me escoltando ordena:

— Deite-se.

Obedeço, deitando-me no banco de trás, a cabeça espremida contra a porta. Há um segundo homem no carro, provavelmente o motorista. Ele cumprimenta o homem que está encarregado de mim e, então, sou deixada no banco traseiro, enquanto os dois vão na frente.

Logo fica óbvio que não estamos fazendo o mesmo trajeto que percorremos até o tribunal. Ouço mais ruídos de trânsito, muitos mais, e os gritos de início de manhã das pessoas nas ruas. São apenas vozes de pessoas comuns.

Escuto um homem anunciando o preço de seus pães e outro exclamando:

— Para trás! Não para a frente, não para a frente!

Ouço a voz de uma mãe repreendendo uma criança por um motivo qualquer, os praguejamentos de motoristas e buzinas soando impacientemente. A sensação é a de que o mundo está voltando para dentro de mim, preenchendo lugares que ficaram vazios por um mês.

O carro roda de forma lenta por um longo caminho, entrando e saindo do trânsito, parando e avançando outra vez. Fico sacolejando no banco traseiro, sem as mãos livres para me segurar. Meu nariz está pressionado contra o estofamento de vinil.

Depois do que parece uma hora ou mais, o carro livra-se do trânsito e acelera. Um dos homens no banco da frente, o motorista, exclama:

— Oh, Graças a Deus!

O outro, o que está encarregado de mim, comenta:

— Isto está piorando a cada ano. Eles têm que tomar alguma providência.

Ao que o motorista responde:

— Acho que não viveremos para ver esse dia, *haji*!

Agora o carro segue velozmente pelo que deve ser uma rodovia, a julgar pela suavidade com que estamos rodando. Aonde quer que estejam me levando, não é para a casa do meu pai. Poderíamos ter chegado lá em vinte minutos desde a saída de Evin. Entre todas as possibilidades para o destino da nossa jornada, uma cova nos aterros sanitários logo além de Teerã parece-me a mais provável. Antes dos meus dias na prisão, ouvi rumores sobre carros e caminhões vistos nos aterros sanitários sem motivo algum e de áreas que foram fechadas, talvez porque essas áreas servissem de "depósito" de corpos de encrenqueiros. Achei difícil acreditar nesses rumores na época, mas agora não sei. De qualquer modo, se pretendem atirar em mim, esse será o melhor entre os possíveis finais ruins. Uma transferência para outra prisão seria um dos piores.

Se eu for colocada em outra prisão, encontrarei um jeito de me matar. Não esperarei dias e dias para fazê-lo — farei o mais rápido que puder. Escrevo uma carta em minha mente para os meus pais, caso este seja meu fim. Digo a ambos o quanto tenho sentido a falta deles e lhes agradeço por minha vida. Pelo fato de minha mãe ter uma forte crença em reencarnação e coisas assim, digo-lhe que estarei em algum lugar à espera, porém me sinto embaraçada em partir dessa maneira. Ainda assim, é por ela que o faço; afinal, não encontrei sempre coisas meigas para dizer só porque é o que ela adora?

Após um longo período sem ruído de trânsito e sem conversa entre o motorista e o homem encarregado, a velocidade do carro começa a diminuir.

— Aqui? — pergunta o motorista, e o homem no comando solta um grunhido.

O carro para, e ambas as portas são abertas. Ouço um som que, a princípio, não consigo identificar. Percebo, então, que um desses homens está urinando no chão, perto da porta de trás. Ele deve estar tendo problemas na bexiga, porque, mais de uma vez, para, continua e grunhe.

A porta junto à qual minha cabeça está espremida é aberta, fazendo-a pender para fora. O homem no comando ordena:

— Está certo, desça.

Esforço-me para me erguer e vou tateando com o pé até encontrar a abertura da porta. Agora estou de pé, mal conseguindo manter o equilíbrio, todos os meus machucados latejando por ter ficado deitada numa posição tão desconfortável no assento.

Sinto o ar livre em meu rosto. A tira de plástico que me prende os pulsos é cortada, minhas mãos caindo ao longo do corpo. Ouço as duas portas do carro sendo fechadas, o motor ligado. Estou estupefata — mais estupefata do que temerosa. O que, afinal, está acontecendo?

O carro começa a rodar, os pneus esmagando o que devem ser pedriscos na beira da estrada. Ele para outra vez, e uma porta é aberta. Mais uma vez, ouço o som de urina no chão. Ou aquele que não urinara antes decidiu que devia se aliviar, ou o outro que geme quando urina está terminando. Ouço o mesmo grunhido de antes. Uma voz indaga:

— Quer que eu dirija, *haji?* — Não há resposta. Batem a porta, o carro se afasta.

Espero onde estou, completamente imóvel. Espero até ter absoluta certeza de que o carro se foi. Não ouço ruído de nenhum outro veículo. Não ouço nada exceto o som do vento frio. Erguendo as mãos, retiro a venda.

A vastidão de terra vazia a minha volta me deixa pasma. Estou no meio do nada. Uma rodovia pavimentada estende-se por um longo caminho adiante. Olhando para trás, para o lado oposto, mal posso distinguir um borrão cinzento no céu longínquo que deve ser a névoa da poluição de Teerã. Não há construção alguma que a vista possa alcançar, nem mesmo um casebre. O céu azul-claro é gigantesco — ele se expande bem mais do que consigo me lembrar de outros tempos. Colinas secas, da cor de osso, erguem-se a oeste. Protegendo os olhos, pisco algumas vezes sob o sol e então começo a girar em torno de mim lentamente. Não há, de fato, nada naquela imensidão.

Começo a caminhar na direção de Teerã. Levarei um longo, longo tempo para percorrer a distância. Se ouvir um carro, eu me esconderei, embora onde encontrarei esconderijo seja difícil dizer. Estar livre outra vez não é como pensei que seria. Achei que saltaria feito um cordeiro num pátio e que gritaria a plenos pulmões. Mas não tenho a menor vontade de saltar, nem de gritar. Sinto-me exposta e gostaria que a rodovia fosse ladeada por árvores, para que eu pudesse ir me abrigando por entre elas enquanto caminhasse. Ainda estou levando minha venda. Por mais que a odeie, não consigo jogá-la fora. Seguro-a com força na mão e marcho ao vento, mantendo o lenço da cabeça no lugar com a outra mão.

Quando ouço o primeiro carro se aproximar atrás de mim, meu coração para, a tensão tomando conta de todos os músculos do meu corpo. Ele passa velozmente por mim sem tomar o menor conhecimento da minha existência; um vistoso carro vermelho, novo em folha. Avisto uma mulher no banco do passageiro com a cabeça descoberta; a esposa ou namorada troféu do motorista, exercendo a liberdade dela onde não há o Basij ou policiais para criar caso. Carros surgem da outra direção, vindos de Teerã, e, a cada vez que se aproximam de mim, fico tensa. As pessoas nos carros devem pensar que sou uma roceira desnutrida, provavelmente infestada de piolhos e com dentes podres por baixo dos lábios partidos. Vi garotas com a aparência que estou agora quando fui de carro até o campo com Behnam. Sempre pensei "Pobrezinha!" e, depois, repreendia a mim mesma e lembrava "É apenas pela graça de Deus que você não é ela".

Minha marcha longa, extenuante, leva-me às primeiras construções que consigo avistar. Paro para olhar as poucas lojas e moradias precárias de tijolos de cimento. Sei que lugar é este. É Ekbatan, o subúrbio mais afastado de Teerã. Pela primeira vez em um mês tenho senso de direção. O mapa da minha vida começa a emergir outra vez da insipidez dentro de mim. As cores tornam-se mais nítidas; contornos turvos agora estão bem definidos. Passei por aqui de carro com meu pai e com Behnam em passeios até o campo. Já olhei com pena para a pobreza desta rua que agora me parece um grandioso bulevar, um destino tão bem-vindo quando os bulevares famosos de belas cidades que ainda visitarei.

Caminho até ver um telefone público na rua. Como não tenho moedas, terei de pedir dinheiro a alguém que passar para poder ligar para o meu pai. Fico na calçada, praticando sorrisos para que minha aparência horrível seja menos assustadora para quem possa encontrar. Mais abaixo, na rua, vejo um velho se aproximar devagar com dois filões de pão debaixo do braço e um jornal na mão. Ele me lança um olhar, e eu lhe ofereço meu sorriso grotesco. Ele para e me observa com uma expressão confusa nos olhos. Posso imaginar quanto deve estar chocado com a minha aparência. O atrito da minha cabeça com o interior do carro esfolara meu couro cabeludo. Filetes de sangue haviam secado em minha testa e nas faces. E o velho devia estar estudando os hematomas em torno dos meus olhos, os lábios partidos, os pulsos finos como gravetos e as mãos sujas.

— O que houve, senhorita? O que a traz até aqui?

— Teria uma moeda para me dar? Quero dar um telefonema.

— Um telefonema?

— Sim. É importante.

Ele coloca o jornal debaixo do braço junto com os filões de pão e enfia a mão no bolso. Pegando um porta-níqueis, verifica o conteúdo sem pressa e me entrega uma moeda. Ainda estou exibindo meu sorriso medonho.

— Senhorita, você está bem? — pergunta ele.

— Estou — digo, mas, vendo a dúvida nos olhos dele, corrijo minha resposta. — Eu caí.

Ele meneia a cabeça, embora não pareça nem um pouco convencido.

— Deve se sentar, senhorita. Ali adiante na praça.

Acompanhando a direção de seu olhar, vejo uma pequena área gramada e uma árvore solitária do lado oposto da rua, entre uma construção inacabada e um pátio onde há manilhas de concreto empilhadas.

— Farei isso — digo-lhe.

— Gostaria de um pedaço de pão? — oferece ele.

— O senhor não se importa?

— Por que eu me importaria?

Ele parte um de seus filões de pão e me dá metade. É pão do tipo que sempre adorei, a casca crocante e salpicada com gergelim. O simples aroma dele seria o bastante para me inebriar.

— Descanse, sim? — diz o velho e acena com a cabeça, como se quisesse reiterar a sensatez do conselho que me dá.

— Vou descansar, com certeza — afirmo.

Enquanto o homem prossegue em seu caminho, corro até o telefone público, rezando para que esteja funcionando. Colocando a moeda, ouço o bem-vindo som da linha, para meu grande alívio. Disco o número de casa. Sei pela claridade do céu que são por volta de oito da manhã. Meu pai ainda não terá saído para ir até sua loja no bazar.

A voz do meu pai chega até meus ouvidos.

— Residência dos Ghahramani — diz ele.

— Agha Jun? — digo; minha maneira de me dirigir ao meu pai. — Sou eu. É Zarah.

Ouço um grito, um gemido alto de dor.

— Minha menina, onde você está? — Ele está falando em curdo, o idioma que lhe é mais natural e mais íntimo. — Estou a caminho. Agora mesmo. Onde você está?

— Em Ekbatan, bloco 31. Estou num telefone público. Há uma pequena praça adiante e uma pilha de manilhas, manilhas enormes. Vou esperar ali.

Meu pai tem de me pedir para eu repetir o que falei. Está chorando alto e parece não conseguir se conter. Eu lhe digo novamente onde estou e uma terceira vez. Ao fundo, posso ouvir a voz suplicante da minha mãe, perguntando repetidamente:

— É Zarah? Oh, Deus, é ela?

— Não saia do lugar onde está — instrui meu pai. — Estou indo agora. Minha querida, você não pode sair de onde está.

— Não sairei, não sairei!

A voz da minha mãe está na linha agora, mas apenas por um segundo antes que o tempo da ligação termine. Tudo o que ouço é "Meu amor..." em curdo.

Recolocando o fone no gancho, atravesso a rua em direção à praça.

O som da voz do meu pai, e o da minha mãe por aquele breve instante, encheu-me de alegria. Sento-me no banco chorando convulsivamente e enxugando as lágrimas do rosto. Então, noto o pão no meu colo e, parando de chorar, vou colocando pedaços dele na boca. Enquanto como, rendo-me ao pranto alto outra vez. Se eu estivesse no paraíso, é assim que gostaria que fosse: pão fresco, lágrimas de felicidade e meu pai e minha mãe indo rapidamente até a mim.

Seguro a venda com força na mão livre.

Agradecimentos

Os autores desejam expressar sua gratidão a Ann Dillon por sua ajuda e sugestões durante a criação do original e pela valiosa pesquisa.

Especiais agradecimentos a todos os membros da família de Zarah Ghahramani pela paciência e afetuoso apoio. E aos professores de sua escola secundária e da universidade ela pede que aceitem sua gratidão, por razões que serão óbvias a todos os leitores deste livro.

Este livro foi composto em ITC Veljovic
e impresso pela Edigraf sobre
papel pólen soft 80g para a Ediouro, em maio de 2009.